I0016064

Isa Bodur, Hirschhofweg 2d, 50765 Köln, isa.bodur@gmail.com

In Erinnerung an meinen Vater

SAP HELDEN – SAP TIPPS AUF DEN PUNKT GEBRACHT

SAP HELDEN

EINE GOLDGRUBE AN SAP-TIPPS, DIE DU DIR AUF KEINEN FALL
ENTGEHEN LASSEN SOLLTEST.

Isa Bodur

---

www.thinkdoforward.com

Inhalt

Tipps zum **SAP-GUI** en masse

SAP-GUI – ELEMENTE

Übersicht wichtiger SAP-GUI Elemente.

1. Fenstersteuerung

2. Transaktionsfeld

3. SAP-Menü

4. Kontextmenü

5. Navigationsmenü

6. Menüleiste

7. Statusleiste

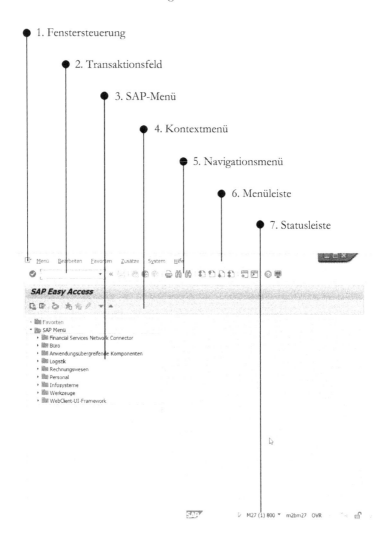

SAP-GUI – ELEMENTE – IM DETAIL

1. Mit dem kleinen Icon für die **Fenstersteuerung** lässt sich das SAP-GUI Fenster schließen, verschieben, verkleinern oder vergrößern. Entscheidend beim SAP-GUI ist, dass mit diesem Icon eine aktuell laufende Transaktion abgebrochen werden kann – hilfreich bei hängenden Langläufern.

2. Mittels des **Transaktionsfeldes**, das sich auch wegklappen lässt, lassen sich alle Anwendungen mit einem Transaktionsbefehl aufrufen – bspw. ein Material ändern: *MM02*.

3. Neben den Transaktionen können die einzelnen SAP-Applikationen direkt über das **SAP-Menü** aufgerufen werden – z.B.: SAP-Menü > Logistik > Materialwirtschaft > Materialstamm > Material > Ändern > Sofort (MM02). Da man sich nicht alle Transaktionen merken kann, sollte jeder User das SAP-Menü kennen.

4. Das **Kontextmenü** passt sich für jede Transaktion an, damit bietet sich die Möglichkeit Funktionen einer Anwendung per Icons zu steuern.

5. Das **Navigationsmenü** ist ein statisches Element, das über alle Transaktionen hinweg immer identisch bleibt; mit diesen Icons kann man eine Transaktion abbrechen, beenden, etc.

6. Auch die **Menüleiste** passt sich abhängig von der aktuellen Transaktion an und bietet Absprungoptionen zu verschiedenen Funktionen einer Anwendung.

7. In der **Statusleiste** wird unter anderem dargestellt in welchem System man angemeldet ist – weitere Details siehe unten.

DIE ELEMENTE DER STATUSLEISTE

Angemeldetes **System** ▪ Aktueller **Mandant** ▪ Angemeldeter **Benutzer** ▪ Aktuelles **Programm** ▪ Aktuelle **Transaktion** ▪ **Antwortzeit** des Aufrufs ▪ **Interpretationszeit** des Programms ▪ Genutzte **Rückverbindungen/Flushes**

SAP-GUI PRAXIS TIPPS (1)

Präfix /n – Aus dem Startmenü heraus kann eine Transaktion direkt mit dem Transaktionscode aufgerufen werden – bspw. VA02 – Kundenauftrag ändern. Befindet man sich hingegen nicht im Startmenü, sondern innerhalb einer Transaktion, muss man immer das Präfix **/n** vor die Transaktion setzen – bspw. **/n**VA02.

Präfix /o – wenn man das Präfix **/o** vor eine Transaktion nutzt, dann wird die aufgerufene Transaktion (bspw. **/o**SPRO) in einem neuen Fenster (Modus) geöffnet.

/nex – wenn in die Transaktionsleiste **/nex** eingegeben wird, schließen sich alle Fenster zur aktuellen Anmeldung und man meldet sich sofort ab. Wichtig zu beachten: Bei der /nex erfolgt keine Warnmeldung; somit besteht das Risiko, dass nicht gesicherte Daten verloren gehen.

/i – die Eingabe von /i in die Transaktionsleiste bewirkt, dass nur das aktuelle Fenster geschlossen wird – wenn man hier bspw. /i3 eingibt, wird der dritte Modus

(Fenster) der aktuellen Anmeldung geschlossen.

Präfix /* - wenn man das Präfix **/*** vor eine Transaktion setzt (bspw. **/*** VA03), dann gelangt man direkt in den Anzeigemodus des letzten Kundenauftrags und das System überspringt den Einstiegs-Screen der Transaktion. Der letzte Beleg wird aus dem SAP-Cache ermittelt.

SAP-Menü durchsuchen – das SAP-Menü kann man auf folgende 2 Arten durchsuchen:
- (1) in die Transaktionsleiste SEARCH_SAP_MENU eingeben oder
- (2) einfach STRG+F und den Suchbegriff eingeben.

4 Wege, um einen neuen Modus zu öffnen – Prinzipiell gibt es 4 Wege, um ein neues Fenster zu öffnen
(1) STRG+N
(2) STRG+„+“
(3) Navigationsleiste: Icon „Neuer Modus" klicken
(4) Auf Fenstersteuerungs-Icon (links oben) klicken und Modus erzeugen wählen.

SAP-GUI PRAXIS TIPPS (2)

Fokus ins Transaktionsfeld legen - Mit dem Short-Cut STRG+SHIFT+7 (evtl. anders bei einer Englischen Tastatur) wird der Eingabe-Fokus (Mauszeiger) direkt auf das Transaktionsfeld gelegt, so dass man direkt eine neue Transaktion eintippen kann.

Starttransaktion festlegen: Einfach über: Menüleiste: Zusätze > Starttransaktion festlegen > Transaktion eingeben und Enter.

Markieren und kopieren in einem Schritt: Navigationsleiste auf das letzte Icon (*Lokales Layout anpassen*) klicken und hier die Option *„Schnell ausschneiden und einfügen"* aktivieren. Damit wird bei jedem Markieren eines Feldes dieses auch direkt kopiert.

Markieren im SAP-GUI: In bestimmten Anwendungen des SAP-GUI ist es nicht möglich direkt per Maus einen Bereich zu markieren; hier muss zunächst per STRG+Y der Markiermodus aktiviert werden – der Modus wird durch einen Kreuz-Mauszeiger signalisiert.

Transaktion – trotz fehlender Berechtigung: Mit Folgendem kleinen Trick kann man Transaktionen starten, zu denen man keine Berechtigung besitzt: Per Transaktion SE93 das Programm zur Transaktion ermitteln und anschließend dieses Programm per SE38 starten; funktioniert meist nur bei Z-Transaktionen.

Scrollen per Navigationsleiste: Neben der „normalen" Scroll-Möglichkeit kann im SAP-GUI auch per Scroll-Icons in der Navigationsleiste hoch/runter scrollen. Bei manchen SAP-Anwendungen (bspw. MB03) kann man nur mit diesen Pfeilen scrollen.

SAP Historie löschen: Navigationsleiste > Icon „Lokales Layout anpassen" (das letzte rechts) > Optionen > Lokale Daten > Historie > Button „Historie löschen"

Maus folgt Fokus: Navigationsleiste > Icon „Lokales Layout anpassen" (das letzte rechts) > Optionen > Interaktionsdesign > Tastatureinstellungen > letzte Check Box

SAP-GUI PRAXIS TIPPS (3)

Werte im Pull-Down-Menü anzeigen: Navigationsleiste > Icon „Lokales Layout anpassen" (das letzte recht Icon) > Optionen > Interaktionsdesign > Visualisierung 1 > Checkboxes im Bereich „Controls" aktivieren.

Transaktionscode im Menü anzeigen: Menüleiste > Zusätze > Einstellungen > Checkbox „Technische Namen anzeigen" aktivieren.

Warn-/Fehlermeldungen als Pop-Up-Fenster: Navigationsleiste > Icon „Lokales Layout anpassen" (das letzte recht) > Optionen > Interaktionsdesign > Benachrichtigungen > im Bereich „Meldungen" die letzten 2 Checkboxes aktivieren.

Unterschiedliche SAP-GUI-Farben pro System festlegen: Navigationsleiste > Icon „Lokales Layout anpassen" (das letzte recht) > Optionen > Visuelles Design > Farbeinstellungen > Farben im System (*Änderungen greifen bei Neuanmeldung*)

Favorit direkt aus der Transaktion erzeugen: Menüleiste > System > Benutzervorgaben > Favoriten erweitern oder innerhalb einer Transaktion einfach **%_GCADDF** in Transaktionsfeld eingeben.

Einen Pop-Up-Fenster mit Nachricht bei einem User erzeugen: SE37 > TH_POPUP > F8 > CLIENT (Mandant) eingeben > User eingeben > Message eingeben (bspw. Kaffee trinken?) > mit F8 ausführen.

Systemnamen in der Windowstaskleiste darstellen: Navigationsleiste > Icon „Lokales Layout anpassen" (das letzte recht) > Optionen > Interaktionsdesign > Visualisierung 2 > Checkbox im Bereich Fensterüberschrift aktivieren.

Einen Eintrag aus der Eingabe Historie löschen: Die Eingabe-Historie im SAP-GUI ist ein tolles Feature; hier kannst du auch einzelne Werte löschen (Fehleingabe?): Einfach mit der Maus auf den Wert und „**Entf**" drücken.

LISTE WICHTIGER SHORTCUTS

Shortcut im SAP-GUI	Detail
F1	Hilfe aufrufen – Mausfokus auf ein Feld setzen und F1 drücken
F2	Doppelklick auf die Mausposition
F3	Zurück (grüner Pfeil im Navigationsmenü)
F4	Feld-Matchcode zu einem Feld aufrufen, sofern verfügbar
F4 + F2	Bei Datumsfeldern: Aktuelles Tagesdatum setzen – sehr hilfreich!
F8	Ausführen einer Selektion/Anwendung/…
F12	Abbrechen der aktuellen Anwendung
SHIFT+F3	Beenden (gelber Pfeil im Navigationsmenü)
STRG+SHIFT+7	Fokus auf das Transaktionsfeld legen – und sofort eine neue Transaktion eintippen
STRG+<Plustaste> *oder* STRG+N	Einfach einen neuen Modus öffnen
ALT+12	Die Funktion „Lokales Layout anpassen" aufrufen
TAB	Zum nächsten Feld springen - vorwärts
SHIFT+TAB	Zum nächsten Feld springen - rückwärts

LISTE TRANSAKTIONS-KOMMANDOS

Kommando	Beschreibung
/n	Zurück zum Start – SAP Easy Access
/n+Tx.	Transaktion wird aus einer anderen Tx. Heraus gestartet
/o	Session-Liste anzeigen
/o+Tx.	Transaktion (Tx.) wird im neuen Modus gestartet
/nex	Schließen aller Modi
/h	Debugger starten (**/ha** – überspringt Dyprosteuerung)
/hs	Systemdebugging starten
/hex	Debugger-Fenster schließen
/i	Aktuellen Modus schließen
/ix	Modus/ Fenster mit der Nummer x schließen
/*+Tx.	Starten einer Transaktion mit der letzten Belegnummer
%pc	Liste auf den Rechner runterladen
&sap_edit	Editiermodus in SE16N aktivieren

——— ANWENDUNGSSPEZIFISCHE SHORTCUTS ———

Innerhalb jeder SAP-Anwendung (Transaktion) gibt es eine Unmenge an Short-cuts. Einen guten Überblick der Shortcuts pro Transaktion (bspw. VA02) be-kommt man wie folgt:

▪ Menüleiste: System > Status ▪

▪ Doppelklick auf Oberflächenstatus ▪

▪ „Funktionstasten" aufklappen ▪

_____ WAS SIND EIGENTLICH BEREICHSMENÜS _____

Bereichsmenüs im SAP-GUI sind Menüs, in denen modul- / submodulspezifi-
sche Transaktionen zusammengefasst sind. Die Bereichsmenüs werden mit
eigenen Transaktionen aufgerufen (bspw.VS00 – Stammdaten
Vertrieb), wobei der Aufruf nur aus dem Startbildschirm
heraus durchgeführt werden kann.

```
■■■■■■■■■■■■■
 ■■■■■■■■■■
  ■■■■■■
   ■■■■
    ■■
     ■
```

SE43N

_____ ALLE SAP-BEREICHSMENÜS ERMITTELN _____

Alle im System verfügbaren Bereichsmenüs kann man mit folgenden Schritten ermitteln:

(1) Transaktion SE43N aufrufen
■

(2) Mauszeiger auf das Feld „Bereichsmenü" setzen und F4 klicken
■

(3) Feld „Maximale Trefferanzahl" löschen und Enter
■

(4) Auf die Spaltenüberschriften klicken, um alle Einträge zu markieren
■

(5) Per STRG+C alles kopieren und in Excel einfügen
■

(6) Ab jetzt bist du der King/ die Queen of Bereichsmenüs ;-)
■

(7) Viel Spaß!

EINIGE WICHTIGE BEREICHSMENÜS

Chargenverwaltung...BM00

Controlling Informationssystem C000

Änderungsdienst...CC00

Fertigungshilfsmittel CF00

Produktkostenplanung CK00

Klassensystem...CL00

Fertigungssteuerung...CO00

Stücklisten.. CS00

Variantenkonfiguration CU00

Buchhaltung Informationssystem.......................................F000

Personal..HR00

Bestandsführung...MB00

Bedarfsplanung Fremdbeschaffung.....................................MD00

Einkauf..ME00

Materialstamm MM00

Rechnung...MR00

Personaladministration..PA00

Personalbeschaffung...PB00

Projektsystem..PS00

ABAP Workbench S001

Reisemanagement.. TV00

Verkauf... VA00

Fakturierung..VF00

Versand VL00

Stammdaten Vertrieb VS00

Transport VT00

Außenhandel / Zoll..VX00

IDoc und EDI Basis.. WEDI

Die Details zu kennen wird dich über den Berg führen. Auf dem Berg zu stehen und den Überblick zu haben wird dich zum Ziel führen.

- Thomas v. Hardenbourgh -

_____ EIGENE BEREICHSMENÜS ANLEGEN _____

Sofern man die Berechtigung besitzt, kann man mit der Transaktion SE43N ohne viel Aufwand eigene Bereichsmenü anlegen oder bestehende Bereichsmenü erweitern – probier's einfach mal – einfacher geht es kaum.

_____ TABELLEN ZU BEREICHSMENÜS _____

TMENU01 .... Knotentabelle für allgemeine Strukturablage
TMENU01R .... Referenzen allgemeine Strukturablage
TMENU01T .... Bezeichnung der Knoten für allgemeine Strukturablage

Die Tabellen sind über das Feld NODE_ID miteinander verbunden und können mit einem kleinen Quickview analysiert werden.

TMENU01
Hier sind alle Knoten zu den Bereichsmenüs abgelegt; das Feld TREE_ID enthält die Transaktion des Bereichsmenüs

TMENU01R
Hier sind die Details zu den einzelnen Knoten aus der ersten Tabelle enthalten; vor allem findet man hier im Feld REF_OBJECT (REF_TYPE = TCOD) die zum Bereichsmenü zugeordneten Transaktionen

TMENU01T
In dieser Tabelle sind die Texte zu den einzelnen Knoten der Bereichsmenüs abgelegt

SAP Tipps & Tricks – lass dich überraschen.

KONDITIONSPFLEGE ANPASSEN

In der technischen Sicht der Konditionstabellen-Def. wird bestimmt, ob die Felder im Pflege-Dialog im Kopf- bzw. Positionsbereich dargestellt werden:

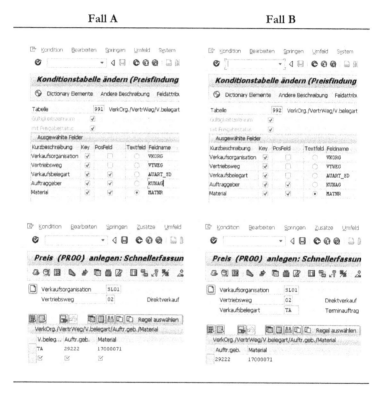

Verkaufsbelegart, Auftraggeber und Material sind als Positionsfelder definiert. Im Kopf ist die VKORG und VTWEG vorgesehen.

In diesem Fall wird die Verkaufsbelegart nicht als Positionsfeld definiert, damit kann man sie nur im Kopfbereich pflegen

_____ BESTAND VS VERFÜGBARKEIT _____

Die ewige Frage:
„Warum wird die Auftragsmenge nicht bestätigt, obwohl genug Bestand vorhanden ist?"

Bestand	Verfügbarkeit
Menge eines Materials, das sich im Besitz des Unternehmens befindet.	Verfügbare Menge eines Materials, das zu einem Stichtag zur Verfügung steht: Aktueller Bestand minus geplante Abgänge plus geplante Zugänge zum Stichtag.
Tx. zur Ermittlung des akt. Bestands:	Transaktion zur Ermittlung der verfügbaren Menge:
MMBE / MB52	**CO09**

_____ SAP-TABELLENBROWSER _____

SE11...ABAP Dictionary / Tabellendefinition
SE16...klassischer SAP-Tabellenbrowser
SE16N..............................Tabellenbrowser mit optimierter Selektionsmöglichkeit
SE16H.........................Neuer Tabellenbrowser mit Gruppier-/Aggregatfunktion
S416N...identisch zu SE16N - nur auf SCM on HANA
S416H...identisch zu SE16H - nur auf SCM on HANA
SE16T*... Zentraler Einstieg Suchfunktionen
SE16S .... Generische Tabellen- und Wertesuche
SE16S_CUST..Einstellung/Verwaltung der SE16S
Report: RKSE16N_CD_DISPLAY ....&sap_edit Änderungen anzeigen
Report: RKSE16N_EDIT .... &sap_edit aktivieren/deaktivieren
SE17..Einfacher Tabellenbrowser
SDIN ....Einfacher Tabellenbrowser
SE16_T000.. Tabellenbrowser T000 (Mandanten)

*Nur in S/4HANA verfügbar.

TABELLEN FINDEN - KURZ

How-To	Details
F1 Hilfe	Per F1-Hilfe auf ein Feld
Verwendungsnachweis	Per Verwendungsnachweis auf Datenelem.
ST05 – DB-Trace	Per ST05 Trace Tabellen finden
DD02L/DD02T	Schau einfach in der DD02L/DD02T nach.
DD03VT	Noch detaillierter in der DD03VT-Tabelle
F4-Suche in der SE16N	Per Match zum Tab-Feld in der SE16N

PROGRAMMVARIANTE TRANSPORTIEREN

1. ....Transaktion SE38 aufrufen
2. .... Programm RSTRANSP eingeben und ausführen (F8)
3. .... Programmname (bspw. RSNAST00) eingeben und ausführen (F8)
4. ....Zu transportierende Varianten auswählen
5. ....Transportauftrag auswählen oder neuanlegen – Fertig.

6 WEGE EINE SAP-TABELLE ZU FINDEN

(1) F1-Hilfe nutzen

Mauszeiger auf das SAP-GUI-Feld positionieren ▪ Auf F1 drücken ▪ Auf das Icon *Technische Info* klicken ▪ Im Bereich *Feld-Daten* steht im Feld Tabellenname die gesuchte Tabelle, wenn die Tabellenart *Transparente Tabelle* ist.

(2) Verwendungsnachweis

Wenn im Punkt (1) die Tabellenart nicht *Transparente Tabelle* ist, dann wird die Tabelle mittels Verwendungsnachweis gesucht ▪ Im Pop-Up-Fenster *Technische Info* auf das Feld *Datenelement* doppelklicken. ▪ Im Fenster *Datenelement anzeigen* auf den Button *Verwendungsnachweis* klicken ▪ Im nächsten Pop-Up *Tabellenfeldern* anhaken und Enter.

(3) ST05 - SQL-Trace

SQL-Trace per Transaktion ST05 aktivieren ▪ Transaktion, die der Tabelle gesucht wird, ausführen und sichern ▪ SQL-Trace per ST05 ausschalten und Trace anzeigen ▪ In der Spalte *Objektname* werden die verwendeten Tabellen aufgeführt.

(4) Die Tabelle DD02L

Alle SAP-Tabellen, Strukturen, Viewstrukturen sind in der Tabelle DD02L abgelegt ▪ In dieser Tabelle werden mit der Selektion *Tabellenart=TRANSP* alle SAP-Tabellen dargestellt ▪ In diesem Zusammenhang ist die Tabelle DD02T auch interessant, da hier die Texte (Beschreibungen) zu den Tabellen abgelegt sind.

(5) DD03VT

In Verbindung mit der DD02L können mit der Tabelle (View) DD03VT Tabellen und deren Felder gefunden werden. In dieser Tabelle sind alle Tabellen und deren Felder abgelegt.

(6) F4 – Suchhilfe

Letztlich kann man Tabellen einfach per F4-Suchhilfe in den Tabellen-browsern suchen ▪ Die Transaktion SE16N aufrufen ▪ Mauszeiger auf das Feld *Tabelle* positionieren und F4 drücken ▪ Im folgenden Pop-Up entweder generisch über den Button *Infosystem*, oder hierarchisch per *SAP Anwendungen* Tabellen suchen.

3X SAP-TABELLENINHALTE EDITIEREN

SE16N	SE16	SE16N

Transaktion SE16N starten, zu editierende Tabelle eingeben. Oben in die Transaktionsleiste **&sap_edit** eingeben. Selektionskriterien eingeben und Selektion per F8 ausführen. Im Ergebnisbild können die Daten editiert werden: Ändern / Löschen / Anlegen. Übrigens gibt es hier zusätzlich noch die Möglichkeit bestimmte Eingabeprüfung während des Editierens zu deaktivieren: Einfach nach &sap_edit **&sap_no_check** eingeben.

Transaktion SE16 aufrufen, zu editierende Tabelle eingeben. Selektionskriterien eingeben und ausführen. Im Ergebnisbild Satz markieren, der verändert werden soll und auf das Brillen-Icon klicken. Jetzt in die Transaktionsleiste **/h** eingeben – Debugger aktivieren. Nun mit der Maus in ein Wertfeld doppelklicken. Im Debugger den Wert der Variable **CODE** auf **EDIT** setzen und ausführen (F8). Jetzt sind die Felder des Satzes editierbar.

Transaktion SE16N aufrufen, die zu editierende Tabelle eingeben. Selektionskriterien eingeben – nicht ausführen. In die Transaktionsleiste **/h** eingeben – Debugger wurde aktiviert. Selektion ausführen (F8) – das System springt in den Debugger-Modus. Hier folgende 2 Variablen auf ein großes X setzen: **GD-SAPEDIT=X GD-EDIT=X**. Mit F8 Debugger laufen lassen. Die Ergebnisse werden im Editiermodus angezeigt.

Die Inhalte von SAP-Tabellen können– sofern die Funktion aktiviert ist, und man die Berechtigung besitzt – verändert werden. Hier eine wichtige Anmerkung: Man sollte sehr genau wissen, was man tut, da die Funktion u.U. das komplette System lahmlegen kann!

7 VORTEILE DER **SE16H**

1. .... Mit Datenbankverbindungen arbeiten
2. ....Möglichkeit der Nutzung von Sets
3. ....Summierung der Ergebnisse; auch pro Gruppe
4. ....Gruppierte Darstellung (wie Excel-Pivot)
5. ....Direkte Vorgabe von Sortierrichtung und Reihenfolge
6. ....Outer-Join-Definition mit einer anderen Tabelle
7. ....Aggregation der Ergebnisse (MIN/MAX/AVG)

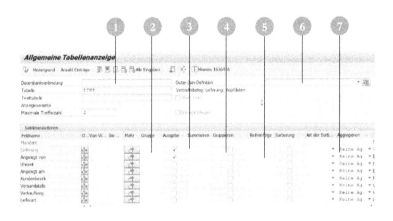

SE16H Selektionsscreen

PIVOT-FUNKTION GIBT ES AUCH IN **SAP**

Mit der SE16H kann man auch eine Pivot-Tabelle (bekannt von Excel) erstellen:

- Ein zu pivotisierende Tabelle per SE16H auswählen
- Nur die für Spalte/Feld, die als Pivot dargestellt werden sollen, die Option „Ausgabe" und „Gruppieren" aktivieren
- Et voila …

_____ SAP-GUI 80% EFFEKTIVER NUTZEN _____

Mit folgendem kleinen „Dreh" kann man die SAP-GUI-Oberfläche - insbesondere für die Bearbeitung von Listen (bspw. SM30) - 80% effektiver nutzen.

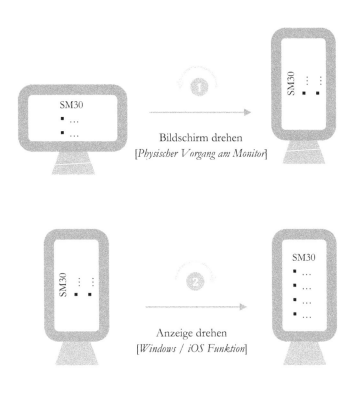

Bildschirm drehen
[*Physischer Vorgang am Monitor*]

Anzeige drehen
[*Windows / iOS Funktion*]

*Mit jedem Perspektivenwechsel geht die Chance einher,
im Vertrauten Neues zu entdecken.*

- Markus Mirwald -

TAB-FOLGE IM SAP-GUI ANPASSEN

Das Springen von Feld zu Feld per TAB-Taste ist im SAP-GUI ein gängiges Vorgehen – dabei ist die Reihenfolge der Sprünge per TAB-Taste ist nicht alternativlos. Die standardmäßige Reihenfolge kann man per Tastenkombination **SHIFT+STRG+A** darstellen (VA01):

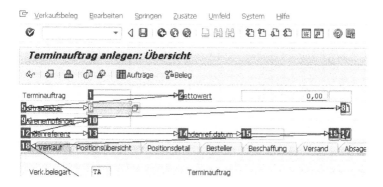

Die TAB-Sprungreihenfolge kann man wie folgt anpassen - bspw. Transaktion VA01: Gewünschte neue TAB-Folge Auftraggeber > Wunschlieferdatum > Material > Auftragsmenge:

Auftraggeber zu Wunschlieferdatum	▪ STRG gedrückt halten und Rechtsklick auf Feld Auftraggeber > Option Ausgangselement wählen ▪ STRG gedrückt halten und Rechtsklick auf Material > Option Zielelement wählen
Wunschlieferdatum zu Material	▪ STRG gedrückt halten und Rechtsklick auf Feld Wunschlieferdatum > Option Ausgangselement wählen ▪ STRG gedrückt halten und Rechtsklick auf Feld Material > Option Zielelement wählen
Material zu Auftragsmenge	▪ STRG gedrückt halten und Rechtsklick auf Feld Material > Option Ausgangselement wählen ▪ STRG gedrückt halten und Rechtsklick auf Feld Auftragsmenge > Option Zielelement wählen

_____ **WER HAT DEN BELEG GELÖSCHT** _____

Im SAP gibt es eine Reihe von Belegen (Objekten), die komplett gelöscht werden, sofern sie nicht einen bestimmten Status erreicht haben. Zwei Beispiele: Der SD-Kundenauftrag (VA01) und die Auslieferung (VL01N). Den Kundenauftrags kann man im Änderungsmodus (VA02) löschen, solange das Objekt keine Folgebelege besitzt; Gleiches gilt für Lieferungen.

Vielfach stellt sich bei gelöschten Belegen die Frage, „*Welcher User hat den Beleg gelöscht?*"

Wenn man die Nummer des gelöschten Belegs zur Hand hat, kann man über die Änderungshistorie einfach ermitteln, wann und von wem der Beleg gelöscht wurde; hier das Vorgehen für einen Kundenauftrag:

#1 ...... Einen vorhandenen nicht gelöschten Kundenauftrag per VA02 aufrufen
#2 .... Über die Menüleiste das Änderungslog aufrufen
#3 .... Konkret: Menüleiste > Umfeld > Änderungen
#4 .... Ins Feld „Beleg" die Nummer des gelöschten Auftrags eingeben (F8)
#5 .... Zu sehen: Wann und von wem der Beleg gelöscht wurde

_____ **TX. UND REPORTS ZU ÄNDERUNGSBELEGEN** _____

MM04 (Tx.) .... Material (Industrie)
MM44 (Tx.) .... Artikel (Retail)
RSSCD100 (Rep.) .... Alle Objekte
S_P6B_12000144 (Tx.) .... Vertriebsbelege
S_P6B_12000143 (Tx.) .... Vertriebsbelege – erw. Auswahl
VL22N (Tx.) .... Lieferungen
S_P6B_12000145 (Tx.) .... Fakturen
RKSE16N_CD_DISPLAY (Rep.) .... Änderungen per SE16N
SCDO .... Eigenschaften von Änd.bel.obj.
ME2M/ME2N/ME2L (Tx.) .... Bestellungen

Änderungen zu Bestellungen werden mit den Transaktionen ME2M/ME2N/ME2L nur angezeigt, wenn der Listumfang ALLES gewählt wurde.

_____ TABELLEN ZU ÄNDERUNGSBELEGEN _____

CDHDR..Änderungsbelegkopf
CDPOS.. Änderungsbelegpositionen
SE16N_CD_KEY.......................Änderungsbelege: Kopf (per SE16N)
SE16N_CD_DATA....................Änderungsbelege: Daten (per SE16N)
TCDOB ....Liste der Änderungsobjekte
TCDOBT .... Texte zu Änderungsobjekten

_____ VERSIONSENTWICKLUNG SAP ERP _____

Jahr ....SAP ERP Version

1972.. SAP R/1 System RF
1979.................................... SAP R/2 Mainframe System
1992.......................... SAP R/3 Enterprise Edition 1.0A
1993...........................SAP R/3 Enterprise Edition 2.0
1995...........................SAP R/3 Enterprise Edition 3.0
1998...........................SAP R/3 Enterprise Edition 4.0B
1998...........................SAP R/3 Enterprise Edition 4.3
1999...........................SAP R/3 Enterprise Edition 4.5B
2001...........................SAP R/3 Enterprise Edition 4.6C
2002...........................SAP R/3 Enterprise Edition 4.6F
2003...........................SAP R/3 Enterprise Edition 4.7
2004.........................SAP ERP Central Component (ECC) 5.0
2005......................... SAP ERP Central Component (ECC) 6.0
2006.........................SAP Enhancement Package 1 for SAP ERP 6.0
2007.........................SAP Enhancement Package 2 for SAP ERP 6.0
2008.........................SAP Enhancement Package 3 for SAP ERP 6.0
2009.........................SAP Enhancement Package 4 for SAP ERP 6.0
2010.........................SAP Enhancement Package 5 for SAP ERP 6.0
2012.........................SAP Enhancement Package 6 for SAP ERP 6.0
2013.........................SAP Enhancement Package 7 for SAP ERP 6.0
2018.........................SAP Enhancement Package 8 for SAP ERP 6.0
2015.........................SAP S/4 Business Suite for HANA

_____ BEWEGUNGSARTEN FINDEN LEICHT GEMACHT _____

Eine gesuchte Bewegungsart kann man sehr effektiv mit dem Kontextmenü ermitteln; Bsp.: Bewegungsart für die Umbuchung von Gesperrt an Frei verwendbar finden:

#1 .... Transaktion MB11 aufrufen
#2 .... Über die Menüleiste Bewegungsart selektieren:
#3.1 .... Bewegungsarten
#3.2 .... Umbuchung
#3.3 .... Bestand an Bestand
#3.4 .... Gesperrt an Frei
#4 .... Gesuchte Bewegungsart - 343 - wird im Feld Bewegungsart dargestellt

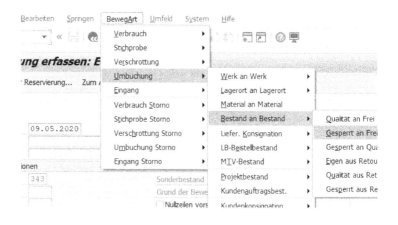

Diese Option ist leider auf S/4HANA nicht mehr verfügbar, da die Transaktionen MB11, MB1A, MB1B, MB1C, etc. wegfallen.

Stattdessen muss an dieser Stelle die Transaktion MIGO genutzt werden. In der MIGO ist das Finden der Bewegungsart vergleichbar intuitiv.

SAP_ALL NACHGENERIEREN HILFT

SAP_ALL ist nicht gleich SAP_ALL - wenn neue Berechtigungsobjekte hinzu-kommen, sei es durch Updates, oder sei es durch selbstgebaute Z-Objekte, so-lange SAP_ALL nicht neugeneriert wird, sind sie in SAP_ALL nicht enthalten, d.h. auch mit SAP_ALL kann man an einer Berechtigungsprüfung hängen blei-ben. So einfach generiert man SAP_ALL nach:

#1 .... Transaktion SU21 aufrufen
#2 .... Auf den Button „SAP_ALL nachgenerieren" klicken

_____ DOWN-/UPLOAD: SAP- APPLIKATIONSSERVER _____

Mit der Transaktion AL11 ist es möglich, sich die Verzeichnisse und Dateien auf dem SAP-Applikationsserver anzuzeigen. Mit folgenden 2 Transaktionen kann man Dateien auf den Server hoch- bzw. runterladen:

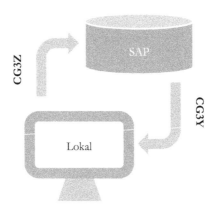

CG3Y ....Datei vom SAP-Anwendungsserver herunterladen
CG3Z ....Datei auf den SAP-Anwendungsserver hochladen

_____ PFLEGEVIEWS: SELEKTION NACH INHALTEN _____

Sei es für die SM30 oder in Customizing-Transaktionen: Den Darstellungsumfang der Pflegeviews-Inhalte kann man mit dieser Funktion eingrenzen:

#1 .... Transaktion SM30 starten
#2 .... In das Feld „Tabelle/Sicht" bspw. V_T184 eingeben
#3 .... Auf den Button „Anzeigen" klicken
#4 .... Es werden alle Inhalte des Pflegeviews dargestellt
#5 .... Über die Menüleiste: Auswahl > Nach Inhalten … auswählen
#6 .... Die Felder „Verkaufsbelegart" und „Positionstypengruppe" markieren
#7 .... Feldinhalt für die Selektion eingeben und „Auswählen"
#8 .... Es werden in der View nur die selektierten Daten angezeigt

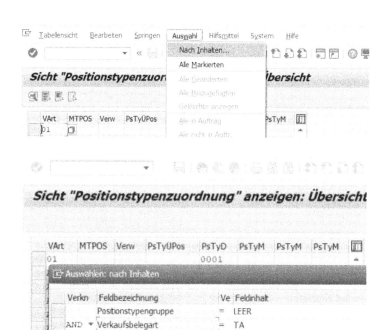

____ WEITERE FEATURES VON PFLEGEVIEWS (SM30) ____

I.

Die Selektion nach Inhalten kann auch direkt im Startbild der SM30 ausgeführt werden, in dem man im Bereich „Datenbereich einschränken" die Option „**Bedingung eingeben**" aktiviert.

II.

Aus dem Ergebnisbereich der SM30 heraus ist es möglich die Inhalte der
Views systemübergreifend zu **vergleichen**, um bspw. Customizing-Differen-
zen zu ermitteln: Menüleiste > Hilfsmittel > Vergleich.

III.

Bei der Selektion von Inhalten kann man die zu selektierenden Felder sowohl
mit **UND** als auch mit **ODER** verbinden – diese Option ist in den Tabellen-
browsern (SE16…) nicht vorgesehen.

IV.

Zur Selektion von Feldinhalten gibt es folgende **Operatoren**, um die Daten
zum Pflegeview zu suchen:

< ....kleiner	CA . enthält mind. ein Zeichen aus
<= ....kleiner oder gleich	CN ....enthält nicht nur Zeichen
<> ....ungleich	CO ....enthält nur Zeichen
= ....gleich	CP .... enthält Muster
=< ....kleiner oder gleich	CS .... enthält Zeichenfolge
=> ....größer oder gleich	NA ....enthält kein Zeichen aus
> ....größer	NP .... enthält Muster nicht
>< ....ungleich	NS........ enthält Zeichenfolge nicht
>= ....größer oder gleich	

AKTUELLE SAP-VERSION ERMITTELN

In 3 Schritten die aktuelle SAP-Version (bspw. EHP - Enhancement Package) ermitteln.

#1 ....Systemstatus über die Menüleiste öffnen
#2 ....Details zu den Systemdaten öffnen – auf Lupe klicken
#3 ....Im Reiter „Installierte Produktversion" Version ermitteln – hier EHP8

BENUTZERLISTEN IN SAP

Benutzerlisten in SAP bieten die Möglichkeit sich einen Überblick zu verschaffen, welcher User auf dem System gerade angemeldet ist. Prinzipiell gibt es hierzu zwei Transaktionen: AL08 und SM04:

AL08	SM04
Systemweite Benutzerliste über alle Instanzen/Server	Benutzerliste der **aktuellen Instanz/Server**
Wechsel zur SM04: Blitz-Icon	Wechsel zur AL08: Berge-Icon
Darstellung der Sessions des Users nicht möglich	Darstellung der Sessions eines Users über Session-Button

DIE BESTE SAP-SEITE IM NETZ

▪ www.sapimprovementfinder.com ▪

Auf der Suche nach Verbesserung fürs SAP-System? Dann sollte man sich folgende Seite im Netz nicht entgehen lassen: **sapimprovementfinder.com** - auf dieser Seite, die von SAP gehostet wird, finden sich tausende von Verbesserungen, die man mit ein wenig Aufwand implementieren kann. Beispielhafte Verbesserung, die auf dieser Seite zu finden sind:

▪ Neue Transaktion VA71 ▪
▪ Erweiterte Anzeige des Änderungslog in der VA02 ▪
▪ Massenänderung von Partnern im Kundenauftrag ▪
▪ Mit Doppelklick zum Referenzbeleg springen ▪
▪ Anzeige des Users statt dem technischen User im Kundenauftrag ▪

DYNAMISCHE DATUMSSELEKTION

Variantenattribute

Bildzuordnung übernehmen

Variantenname	test
Bedeutung	test

☐ Nur für Hintergrundverarbeitung
☐ Variante schützen
☐ Nur im Katalog anzeigen
☐ Systemvariante (automatischer Transport)

Technischer Name

Objekte des Selektionsbildes

Selektionsbild Feldname	Typ	M	Selektionsvariable	Option	Name der Variablen (Eingabe nur per F.
1.000 IDoc	S	☐			
1.000 Datum der Erstellung	S	☐	D		Aktuelles Tagesdatum
1.000 Uhrzeit der Erstellung	S	☐			

T ....T: Tabellenvariable aus TVARVC
D.....................................D: Dynamische Datumsberechnung (Lokales Datum)
X...............................X: Dynamische Datumsberechnung (Systemdatum)

#1 ....Aktuelles Tagesdatum
#2 .... Von Monatsanfang bis heute
#3...Aktuelles Tagesdatum +/- Anzahl Tage
#4.................................Aktuelles Tagesdatum +/- Anzahl Arbeitstage
#5.. Erster des aktuellen Monats
#6..n-ter Arbeitstag des aktuellen Monats
#7 .... Erster des nächsten Monats
#8...Erster Tag des Vormonats
#9 ....Letzter Tag des Vormonats
#10..Letzter Tag des aktuellen Monats
#11.. Erstes Quartal bestimmtes Jahr
#12.. Zweites Quartal bestimmtes Jahr
#13...Drittes Quartal bestimmtes Jahr
#14...Viertes Quartal bestimmtes Jahr
#15..Tagesdatum - xxx, Tagesdatum + yyy
#16............................Tagesdatum - xxx, Tagesdatum + yyy (Arbeitstage)
#17.. Vorhergehender Monat
#18..Aktueller Monat
#19..(Monatsanfang-xx Monate, Monatsende+yy Monate)

_____ **ALV-LISTEN / TAB-BROWSER FEATURES** _____

	SE16(N/H)	ALV-Listen
Spaltenüberschriften – Technisch vs. Text: Menüleiste: Einstellungen > Benutzerparameter ... > Benutzerspezifische Einstellung > Data Browser > Bereich Schlüsselwörter	■	
Konvertierungsexit bei Ausgabe berücksichtigen: Menüleiste: Einstellungen -> Benutzerparameter ... -> Benutzerspezifische Einstellung -> Data Browser -> Bereich Aufbereitung	■	
Was bedeuten die Spaltenfarben: ■ Türkisblau: Index-Spalte ■ Hellgrün: Mit Prüftabelle ■ Hellblau: Werte	■	
Schnellfiltern von Zellenwerten: Mit rechter Maustaste auf eine Zelle klicken, die man filtern will und die den gewünschten Filterwert enthält, den Punkt „Filter setzen ..." auswählen und Enter.	■	■
Als Streifenmuster darstellen: Darstellung der Zeile als Streifen: Über das Matrix-Icon: Layout ändern ... -> den Reiter Darstellung aufrufen -> Option mit Streifenmuster aktivieren	■	■
Summenzeile oben darstellen: Über das Matrix-Icon Layout ändern ... -> den Reiter Darstellung aufrufen -> Option „Anzeige der Summenzeile über den Einträgen" aktivieren	■	■

DATENBANKVIEWS

Im SD-Modul hängt die Tabelle VBUK - fast schicksalhaft – mit den Belegtabellen VBAK (Auftrag)/LIKP (Lieferung)/VBRK (Faktura) zusammen, denn in diese Tabelle (VBUK) sind die verschiedenen Status der Belege abgelegt. Wenn man nun einen Beleg in einem bestimmten Status (bspw. WA gebuchte Lieferungen zu eine Versandstelle) sucht, dann muss man immer in beiden Tabellen nachschauen. Hier kann man sich das Leben erleichtern und direkt Datenbankviews nutzen, die per Tabellenbrowser (SE16/N/H) aufzurufen sind. Diese Datenbankviews kombinieren die Daten der Beleg- und Statustabellen.

Datenbankview	Verbundene Tabellen
VBAKUK	VBAK-VBUK
VBAP_VAPMA	VAPMA-VBAP
LIKPUK	LIKP-VBUK
LIPS_VLPMA	VLPMA-LIPS
VBRKUK	VBRK-VBUK
VBRP_VRPMA	VRPMA-VBRP

Übrigens: In S/4HANA sind diese Datenbankviews nicht nötig, da die Beleg-Status direkt in den Belegtabellen (VBRK, ...) enthalten sind.

_____ WAS MACHEN PARAMETER-IDS _____

Thema	How-to …
Einsatz von Pa-rameter-IDs	▪ Setzen von userspez. Festwerten innerhalb einer Transaktion – bspw. VKORG in VA01 ▪ Aktivierung von bestimmten Funktionen innerhalb des GUI – bspw. Dienste zum Objekt ▪ Beeinflussung von Default
Ermittlung von Parameter-IDs zu Feldern	▪ Parameter-ID zu Auftragsart in VA01: ▪ Transaktion VA01 aufrufen ▪ Ins Feld Auftragsart klicken und F1 drücken ▪ Technische Info aufrufen (4. Icon) ▪ Siehe im Feld Parameter-ID (hier AAT)
Setzen von Para-meter-IDs	Die Parameter-ID setzen – hier AAT: ▪ Transaktion SU3 aufrufen ▪ Reiter Parameter aufrufen ▪ 1. Spalte: Parameter-ID (hier:AAT)/ 2. Spalte: Wert zum Feld (hier: TA)

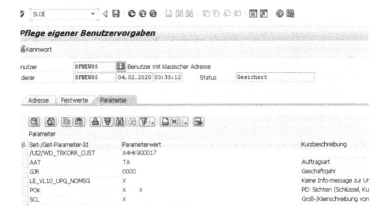

_____ PARAMETER FÜR FUNKTIONEN _____

Weitere Parameter-IDs im SAP-System, die hilfreich sind:

RWLFIDOC_NEW_EXPERT=X
Aktiviert die IDoc-Änderungsfunktion für die Tx. WLF_IDOC

SD_SWU_ACTIVE=X
Aktivierung der Funktion „Dienste zum Objekt" im Kundenaufträge

SD_OLD_LIST_LAYOUT=X
Aktiviert für „alte" Anzeigevariante der VA05 (Liste Kundenaufträge)

SE16N_SORTFIELD=X
Aktiviert zu den Selektionsergebnissen der SE16N zusätzliches Sortierfeld.

LE_VL10_USER_VARIANT=< *Variante*>
Setzt Standardvariante der VL10

SE16N_MAXLINES=500
Setzt die Voreinstellung für maximale Treffer der SE16N

MMBE_ME=ST
Setzt die Anzeigemengeneinheit für die Tx. MMBE

WE19_IDOCTYP=DELVRY07
Vorbelegung des Basistypen zur Transaktion WE19

SP01_WARN=500
Vorbelegung des Maximalwerts für Warnmeldung der SP01

Alle verfügbaren Parameter kann man im SAP mittels der Tabelle TPARA oder per Tabelle TADIR (Objekttyp=PARA) ermitteln.

SAP-WÖRTERBUCH

▪ Transaktion ▪
STERM

▪ Tabelle ▪
GLOSSARY1

▪ Web-Link ▪
sapterm.com:50026/sap/bc/webdynpro/sap/sterm_webaccess?
sap-client=000%23

Bearbeiten   Springen   Einstellungen   System   Hilfe

STERM   ▼ «

Terminologiedatenbank: 209 Treffer gefunden

Eintrag   Definition   Glossarschlüssel

Kl	Stat	Eintrag
		Kundenauftrag
		Erweiterung BYDESIGN 000
		sales order
		Kundenauftrag
		sales order
		Kundenauftrag
		customer order
		Kundenauftrag
		sales order
⚠		Kundenauftrag
		sales order
⚠		Kundenauftrag
⚠		Kundenauftrag
		customer order
⚠		Kundenauftrag
		customer order

SM30-PFLEGEVIEW ALS TRANSAKTION

▪ Neuen Transaktionscode anlegen // SE93 ▪

▪ Kurztext eingeben und Startobjekt auswählen ▪

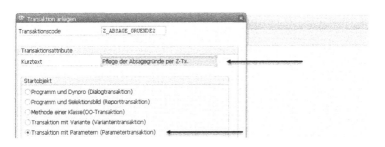

▪ Vorschlagswerte: Transaktion (SM30) / Dynprofelder / Sichern ▪

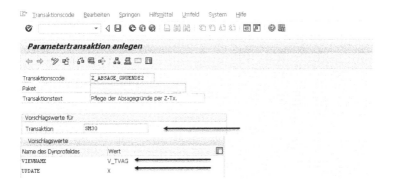

ÄNDERUNGSOBJEKTE PER ST05 FINDEN

Änderungsbeleg kann man in Masse mit Hilfe der Tabelle CDHDR und CDPOS auswerten. Doch bei der Auswertung der Daten ist es für die performante Selektion hilfreich das Änderungsobjekt zu kennen. Bspw. werden Änderungen zum Kundenauftrag in der CDHDR unter dem Objekt VERKBELEG abgelegt. Alle

Änderungsobjekte sind in der Tabelle TCDOB zu finden, doch trotz dieser Tabelle ist es recht schwierig das richtige Objekt zu ermitteln. Doch mit der Transaktion ST05 kann man das gesuchte Objekt recht elegant ermitteln. Im Folgenden wird das Änderungsobjekt für Chargenmerkmale ermittelt:

Modus	How-to …
Modus1	Tx. MSC2N aufrufen, eine Charge auswählen, im Reiter Klassifizierung ein Merkmal ändern – noch nicht sicher!
Modus2	Transaktion ST05 aufrufen, SQL-Trace auswählen und auf „Trace einschalten" klicken.
Modus1	In diesem Modus nun die Merkmalsänderung sichern.
Modus2	Trace ausschalten, Trace anzeigen und die folgende Selektion einfach ausführen.
Modus2	In den Details der Trace-Anzeige nach CDHDR suchen – et voilà! – das gesuchte Objekt ist CLASSIFY.

Performance-Analyse: Traceanzeige (Hauptsätze)

B	Startzeit	Dauer	Sätze	Programmname	Objektname	Anweisung
	02:53:41.708	352	0	SAPLCTBW	CLBW_SOURCES	SELECT <FDA READ> WHERE "MANDT" =
	02:53:41.710	725	1	SAPLSCDO	CDHDR	INSERT VALUES('400', 'CLASSIFY', '0C
		855	2	SAPLSCDO	CDPOS	INSERT VALUES('400', 'CLASSIFY', '0C
	02:53:41.712	359	0	SAPLSUGZ	TFDIR	SELECT WHERE "FUNCNAME" = N'UPG_CH
		419	1	CL_CLF_DB_ACC	AUSP	SELECT DISTINCT WHERE "MANDT" = '40
	02:53:41.713	635	1	CL_CLF_DB_ACC	CABN	SELECT DISTINCT WHERE "MANDT" = '40
	02:53:41.714	1.317	1	CL_CLF_DB_ACC	AUSP	UPSERT VALUES ('Y759', 0.0e+00 , ",

DIE TRANSAKTION MASS

Für die massenhafte Änderung von Daten ist die Transaktion die erste Wahl; mit ihr lassen sich Änderungen an folgenden Objekten durchführen:

Kostenstelle..BUS0012
Profit Center BUS0015
Material Industrie...BUS1001
Material Retail BUS1001001
Geschäftspartner BUS1006
Mieteinheit..BUS1133
Massenpflege Mat. BUS1178001
Bestellungen BUS2012
Einkaufslieferplan BUS2013
Einkaufskontrakt..BUS2014
Kundenangebot...BUS2031
Kundenaufträge BUS2032
Kundenkontrakt..BUS2034
Maßnahmenanforderung BUS2104
Bestellanforderung...BUS2105
Einkaufinfosatz...BUS3003
Sachkonto BUS3006
StrukEl (log. Syst.)... FORCE_LS
Debitoren.. KNA1
Transportbeziehung.. LANE
Lieferanten... LFA1
Lokation ....LOCATION
ProductionDataStruct .... PDS
Beschaffungsbezieh. .... PROCREL
Produkt...PRODUCT
Quotierungen .... QUOTA
Ressource .... RESOURCE

Liste basiert auf S/4HANA - 1809

3 SQVI TIPPS

Die Transaktion SQVI (QuickViewer) bietet die Möglichkeit mit wenigen Klicks einen Report - basierend auf verschiedenen Tabellen - zu erstellen:

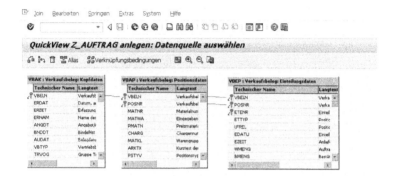

▪ Tabelle doppelt nutzen ▪

Innerhalb einer QuickViewer Definition kann eine Tabelle nur einmal verwendet werden. Wenn man eine Tabelle nochmal verwenden will, muss für die Tabelle eine Alias-Tabelle definiert werden.

▪ Left-outer Join – leere Daten anzeigen ▪

Bspw.: Tabellen MARA und MARD per Join verbunden. Wenn nun für ein bestimmtes Material kein MARD-Satz vorhanden ist, dann werden auch die MARA-Sätze im QuickView nicht angezeigt. Dieses Problem kann man mit dem Left-Outer Join umgehen: Einfach per rechts Klick auf die Join-Verbindung klicken und „left outer join" wählen.

▪ QuickView für Kollegen nutzbar machen ▪

QuickViewer sind nur user-spezifisch nutzbar. Falls man einen QuickViewer doch für andere User nutzbar machen will, kann man den Reportnamen kopieren und diesen weitergeben. Ein Kollege kann den QuickViewer mit den Reportnamen und der Transaktion SA38 nutzen.

_____ SYS-TX. – ALLG. INFORMATIONEN ERMITTELN____

• **SB01** – Anwendungskomponenten •
Darstellung aller SAP-ERP Module und der Modul-Komponenten

• **SCDO** – Anzeige Änderungsbelegobjekte •
Liste der Änderungsbelegobjekte; hilfreich bei der Analyse per CDHDR

• **SCMP** – View/Tabellen-Vergleich •
Systemübergreifender Tabelleninhaltsvergleich; RFC-Verbindung nötig

• **SM02** – System-Nachrichten •
System-Nachricht bei der Anmeldung zu schnell weggedrückt; mit SM02 kann sie wieder nachlesen.

_____ SYS-TX. – USER-VERWALTUNG _____

• **SU01** – Benutzerpflege •
Pflege von Benutzerdaten

• **SU01D** – Benutzeranzeige •
Anzeige von Benutzerdaten

• **SU1** – Eigene Benutzeradresse pflegen •
Eigene Benutzeradresse pflegen

• **SU2** – Eigene Benutzerparameter pflegen •
Eigene Benutzerparamater pflegen

• **SU3** – Benutzer eigene Daten pflegen •
Eigene Benutzerdaten pflegen

SYS-Tx. – SYSTEMANALYSE

SAT – ABAP Trace
Laufzeit einer Transaktion/Programm für einen bestimmten User messen.

ST01 – System-Trace
System-Trace aktivieren

ST03 – Systemlast u. Performance Statistik
Statistik zur Systemlast (RFC, ALE, Dialog, …)

ST04 – DB-Performance-Monitor
Lastanalyse der Datenbank

ST06 – Operating System Monitor
Lastanalyse der CPUs

ST10 – Statistik zum Tabellenaufruf
Diese Analyse beantwortet die Frage, wie oft wurde, welche Tabelle aufgerufen.

ST22 – ABAP Dumpanalyse
Programmabbruch, Kurzdump: Was ist passiert?

ST22L – ABAP Dumpanalyse
Wenn sogar die ST22 nicht mehr aufrufbar ist: Abgespeckte Version zur ST22

STAD – Systemübergreif. Statistiksatzanzeige
Unter anderem kann man hier sehen, wie oft welche Transaktion aufgerufen wurde.

SYS-TX. – MONITORING (1)

▪ **SLG1** – Anwendungs-Log: Protokolle anzeigen ▪
Hier werden Fehler/Warnmeldungen protokolliert, die während der Anwendung auftraten.

▪ **SM04/AL08** – Benutzerliste ▪
Welche User sind aktuell auf dem System angemeldet und welche Transaktion nutzen sie aktuell.

▪ **SM12** – Sperren anzeigen und löschen ▪
Welche Sperreinträge sind aktuell von wem auf was gesetzt; hier können Sperren auch gelöscht werden – aber bitte Vorsicht.

▪ **SM13** – Verbuchungssätze administrieren ▪
Wenn Verbuchungen abgebrochen wurden, kann man hier nachschauen, was der Fehler war und evtl. nachverbuchen.

▪ **SM20** – Auswertung des Security Auditlog ▪
Mit dieser Transaktion können Security Audit Log analysiert werden.

▪ **SM21** – Systemprotokoll ▪
Welche Systemlog wurden geschrieben, und welche Fehler sind auftreten.

▪ **SM50** – Workprozess-Übersicht ▪
Welche Prozesse laufen auf dem aktuellen Server, und wie viele Workprozesse sind frei – um alle Server zu sehen, auf das dritte Icon von links klicken.

▪ **SM51** – Server-Liste ▪
Liste der verfügbaren Server; durch Doppelklick auf einen Server kommt man in die Workprozess-Übersicht (SM50) zu diesem Server.

_____ SYS-TX. – MONITORING (2) _____

■ **SMQ1** – qRFC-Monitor (Ausgangsqueue) ■
Übersicht der RFC-Ausgangsqueue

■ **SMQ2** – qRFC-Monitor (Eingangsqueue) ■
Übersicht der RFC-Eingangsqueue

■ **SOST** – SAPconnect Sendeaufträge ■
Ist die Mail rausgegangen: Übersicht der Fax-, Mail-, etc. Sendeaufträge

_____ SYS-TX. – DB-TABELLEN _____

■ **SCU3** – Tabellenhistorie ■
Zentrale Transaktion, um sich die Änderungshistorie zu Tabellenwerten anzuzeigen.

■ **SE11** – ABAP Dictionary Pflege ■
Definition von Tabellen, Strukturen, Sperrobjekten, …

■ **SE16** – Data Browser ■
Tabellenbrowser, um sich Inhalte der Tabellen anzeigen zulassen.

■ **SE16N** – Allgemeine Tabellenanzeige ■
Weiterentwicklung der SE16; übersichtlichere Selektion und Darstellung der Ergebnisse.

■ **SE16H** – Allgemeine Tabellenanzeige ■
Weiterentwicklung der SE16N; unteranderem bietet sie eine Gruppierungsfunktion vergleichbar zu Excel-Pivot-Tabellen.

■ **SE17** – Allgemeine Tabellenanzeige ■
Einfacher Tabellenbrowser

■ **SM30** – Aufruf View-Pflege ■
Mit dieser Transaktion können Tabellen gepflegt werden, sofern dies für die jeweilige Tabelle vorgesehen ist.

SYS-TX. – ENTWICKLUNGSTRANSAKTIONEN (1)

▪ **SAAB** – Aktivierbare Checkpoints ▪

Mit dieser Transaktion können Checkpoint aktiviert werden, um das Anspringen von Breakpoints zu steuern – dient zur Programmanalyse.

▪ **SDBE** – SQL-Anweisung erklären ▪

Mit dieser Transaktion können SQL-Statement bezogen auf ihre Performance analysiert werden.

▪ **SE24** – Class Builder ▪

Anzeige von Klassen / Methoden und deren Coding.

▪ **SE37** – ABAP Funktionsbausteine ▪

Anzeige und Test von Funktionsbausteinen -> Testeingaben können gespeichert und später erneut verwendet werden.

▪ **SE38** – ABAP Editor ▪

ABAP-Programm-Editor; man kann von hier aus auch das Programm starten.

▪ **SA38** – ABAP/4 Reporting ▪

Im Gegensatz zur SE38 kann man sich mit dieser Transaktion das Coding nicht anzeigen/bearbeiten, aber das Programm starten.

▪ **SE39** – Split-Screen-Editor (neu) ▪

Editor, um sich 2 Programme parallel im einem Split-Screen darzustellen bzw. zu bearbeiten (auch systemübergreifend)

▪ **SE71** – SAPscript Formular ▪

SAPScript-Editor.

▪ **SE80** – Object Navigator ▪

Zentrale Entwicklungsumgebung, womit man unterschiedliche Entwicklungsobjekte darstellen und bearbeiten kann.

_____ SYS-TX. – ENTWICKLUNGSTRANSAKTIONEN (2)_____

▪ **SE91** – Nachrichtenpflege ▪
Liste aller SAP-Nachrichten; sehr nützlich, um zu suchen an welcher Stelle eine Fehlermeldung aufgetreten ist (Verwendungsnachweis)

▪ **SMARTFORMS** – SAP Smart Forms ▪
SMARTFORMS-Formularentwicklung

▪ **SMOD** – SAP-Erweiterungsverwaltung ▪
Suche nach Kundenerweiterungen.

▪ **STYLE_GUIDE** – Styleguide-Transaktion ▪
Schöne Tipps und Tricks zum Transaktionsdesign (in Englisch).

_____ SYS-TX. – TRANSPORTWESEN _____

▪ **SE01** – Transport Organizer (Erw. Sicht) ▪
Erweiterte Transportsuche

▪ **SE03** – Transport Organizer Tools ▪
Transportaufträge nach verschiedenen Kriterien suchen.

▪ **SE10** – Transport Organizer ▪
Transporte zu einem User

▪ **STMS** – Transport Management System▪
Gefährlich – mit diesem Transport findet der eigentliche Transportanstoss statt.

SYS-TX. – JOBS

- **SM36** – Batch-Anforderung ▪
  Job-Definition

- **SM37** – Übersicht über Jobauswahl ▪
  Job-Übersicht und -Analyse.

SYS-TX. – TRANSAKTIONSVERWALTUNG

- **SM01** – Sperren Transaktionen ▪
  Mit der SM01 können Transaktionen ge- / entsperrt werden.

- **SE43N** – Pflege der Bereichsmenüs ▪
  Pflege und Darstellung von Bereichsmenüs

- **SE93** – Pflege Transaktionscodes ▪
  Pflege und Suche von Transaktionen

SYS-TX. – NUMMERNKREISE

- **SNRO** – Nummernkreisobjekte ▪
  Liste der Nummernkreisobjekte

- **SNUM** – Nummernkreistreiber ▪
  Intervall und aktueller Stand der Nummernkreise

SYS-TX. – SAP-OFFICE

■ **S00** – Kurznachricht ■
Kurznachrichten an einen anderen User senden.

■ **SBWP** – SAP Business Workplace ■
Persönlicher SAP-basierter Post Ein-/Ausgang

■ Spool-Transaktionen ■
SP01/SP02 – Ausgabesteuerung/user-spezifisch
Spool-Liste; welche Dokumente wurden gedruckt.

■ **SPAD** – Spool-Administration ■
Definition von Druckern; hier können auch Drucker gesucht werden.

SYS-TX. – SAP-QUERIES

■ **SQ01** – SAP Query: Queries pflegen ■
Definition von Queries, die auf Info-Sets basieren.

■ **SQ02** – SAP Query: InfoSet pflegen ■
Definition von Info-Sets

■ **SQ03** – SAP Query: Benutzergruppenpflege ■
Definition von Benutzergruppen

■ **SQVI** – QuickViewer ■
Queries schnell ohne Info-Sets erstellen – nur user-spezifisch

SYS-TX. – BATCH INPUT

- **SHDB** – Transaktionsrecorder (Batch-Input) •
  Eine Transaktion als Batch-Input aufzeichnen.

- **SM35** – Batch-Input Monitoring •
  Monitoren für das Abspielen von Batch-Input-Mappen.

SYS-TX. – SAP-WÖRTERBUCH

- **SAPTERM** – SAPterm: SAP-Wörterbuch •
  SAP-Wörterbuch mit integriertem Übersetzungstool.

- **STERM** – Pflege Terminologie •
  Volltextsuche innerhalb des SAP-Wörterbuchs

SONSTIGE SYSTEMTRANSAKTIONEN

- **SCAL** – Logistikkalender mit CUA-Oberfläche •
  Zentrale Pflege Transaktion für Kalender

- **SM59** – RFC-Destinations (Anzeige u. Pflege) •
  Einrichten und prüfen von RFC-Verbindungen – Möglichkeit von Verbindungstests.

- **SPRO** – Customizing – Projektbearbeitung •
  Einstieg ins Customizing des SAP-Systems.

- **SU53** – Auswertung der Berechtigungsprüfung •
  Berechtigungsanalyse: Was wurde geprüft bzw. welche Berechtigungen fehlen.

Methodik Know-How

SKILLS-MATRIX JE SAP-PROJEKTPHASE

	Anforderung	Konzept	Realisierung	Test/Training	Go-Live
Social Skills	●●●	●●	●	●●●	●●●
Schriftliche Kommunikation	●●	●●●	●	●	●
Mündliche Kommunikation	●●●	●	●●●	●●●	●●●
Präsentations-Skills	●●	●●●	●	●●	●
Prozesswissen	●●●	●●●	●●●	●●●	●●●
BWL-Wissen	●●●	●●●	●●	●	●●●
Methodik-Wissen	●●●	●●	●●	●●●	●●
Analytische Fähigkeiten	●●●	●●●	●●●	●●●	●●●
Konzeptionelle Skills	●	●●●	●	●	●
Technisches Knowhow	●	●●	●●●	●	●●●
Organisations-Talent	●●	●	●	●●●	●●
Vernetztes Denken	●●●	●●●	●●●	●●	●●●
Kreativität	●	●●●	●●●	●	●●

_____ 20 GRÜNDE ALS SAP-BERATER ZU ARBEITEN ____

„Du wirst mit und für Menschen arbeiten.

·

„Niemand wird je so viele Unternehmen kennenlernen wie du.

·

„Du wirst jeden Tag immer besser in deinen Analyse-Skills.

·

„Du bist hier genau richtig, wenn du ein begeisterter Konzeptschreiber bist.

·

„BoreOut wird dich höchstwahrscheinlich nicht treffen.

·

„Du bist Stürmer, Torwart oder die Abwehr – aber du bist immer Teil von 11

·

„Auch wenn du nicht Picasso bist, Kreativität gehört zu deinem täglichen Brot

·

„Bewerbungsgespräche werden dich nie mehr schrecken.

·

„Keiner deiner Tage wird so sein, wie der andere!

·

„Englisch ist Pflicht, aber auch Französisch und Spanisch sollten drin sein.

·

„Glaub mir, du wirst viele, sehr viele Leute kennenlernen.

·

„Faible für Zahlen? Dann bist du hier genau richtig.

·

„Du wirst schon merken, dass Kommunikation alles ist.

·

„Jeder Vertriebler wird dich beneiden.

·

„Du wirst nicht mit einem kleinen Obolus nach Hause gehen.

·

„Spanier halten sich tatsächlich an ihre Siesta.

·

„Barcelona, New York, Singapur, Istanbul, …

·

„Ich bestimme, was ich heute mache.

·

„Ein Gewerbeschein ist schnell angemeldet.

·

„hrs.de oder booking.com würden dich sofort mit Kusshand einstellen.

SAP PROJEKTPHASEN

1. Anforderungen
aufnehmen

2. Konzept
erstellen

3. Umsetzung /
Realisierung

4. Test/ Schulun-
gen halten

5. Go-Live durch-
führen

SAP-BERATER SKILLS

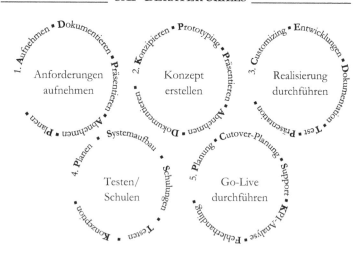

PROJEKTKOMMUNIKATION

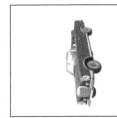

Was der ABAPler programmierte.

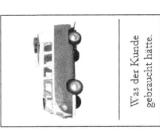

Was der Kunde gebraucht hätte.

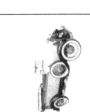

Was der Berater entwarf.

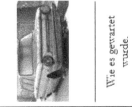

Wie es gewartet wurde.

Der Projektleiter verstand.

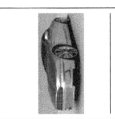

Was dem Kunden berechnet wurde.

Was der Kunde erklärte.

Was dokumentiert wurde.

_____ ## SAP-PROJEKTPLAN ERSTELLEN (1) _____

● 1. Projektphasen

      ● 2. Aufgaben je Phase

            ● 3. Merkmale der Aufgaben

                  ● 4. Merkmalsausprägung

Phase	Aufgaben	Verantwortlich	Start	Ende	Aufwand	Status	KW11	KW12	KW13	KW14
Anforderung	Workshop planen	Tom S.	11.03.2019	17.03.2019	1 PT	erledigt	x			
	Workshop durchführ.	Tom S.	11.03.2019	17.03.2019	1 PT	erledigt	x			
	Ergebnisse präs.	Tom S.	11.03.2019	17.03.2019	0,5 PT	erledigt	x			
Kozeption	Konzept schreiben	Tom S.	11.03.2019	17.03.2019	1 PT	erledigt	x			
	Konzept abstimmen	Tom S.	11.03.2019	17.03.2019	0,5 PT	erledigt	x			
	Konzept abnehmen	John W.	11.03.2019	17.03.2019	1 PT	erledigt	x			
Realisierung	Customizing	Tom S.	18.03.2019	24.03.2019	0,5 PT	in Arbeit		x		
	Entwicklungen	Roger B.	18.03.2019	24.03.2019	1 PT	in Arbeit		x		
	Funktionstests	Tom S.	18.03.2019	24.03.2019	0,5 PT	in Arbeit		x		
I-Tests	I-Test planen	Tom S.	18.03.2019	24.03.2019	0,5 PT	in Arbeit		x		
	I-Test schulen	Tom S.	18.03.2019	24.03.2019	0,5 PT	offen		x		
	I-Test durchführen	John W.	18.03.2019	24.03.2019	3 PT	offen		x		
Schulung	Schulung organisier.	John W.	25.03.2019	31.03.2019	0,5 PT	offen			x	
	Schulung planen	Tom S.	25.03.2019	31.03.2019	0,5 PT	offen			x	
	Schulungen halten	John W.	25.03.2019	31.03.2019	1 PT	offen			x	
Go-Live	Go-Live vorbereiten	Tom S.	25.03.2019	31.03.2019	1 PT	offen			x	
	Cut-Over durchführ.	John W.	25.03.2019	31.03.2019	1 PT	offen			x	
	Go-Live	John W.	25.03.2019	31.03.2019	1 PT	offen			x	
Hypercare	Hypercare planen	Tom S.	25.03.2019	31.03.2019	1 PT	offen			x	
	Monitoring aufsetzen	John W.	25.03.2019	31.03.2019	1 PT	offen			x	
	Fehler beheben	Roger B.	01.04.2019	07.04.2019	5 PT	offen				x

SAP-PROJEKTPLAN ERSTELLEN (2)

1. Projektphasen

- Liste Projektphasen aufstellen
- Mögliche SAP-Projektphasen: Anforderungen aufnehmen, Konzept erstellen, Umsetzen, Testen, Schulen und Go-Live.
- Projektphasen in Reihenfolge bringen und in Excel untereinander eintragen

2. Aufgaben je Phase

- Pro Projektphase die einzelnen Aufgaben auflisten
- Zunächst im Brainstorming-Verfahren alle Aufgaben benennen
- Im zweiten Schritten Aufgaben prüfen, ergänzen und sortieren

3. Merkmale der Aufgaben

- Merkmal der einzelnen Aufgaben aufstellen
- Minimale Anforderung an die Merkmale: Wer macht das, wann beginnen die Aufgaben, wann ist sie erledigt
- Die Merkmale in die oberste Zeile eintragen

4. Merkmalsausprägung

- Die Merkmale je Aufgabe konkretisieren, d.h. Namen eintragen, Zeiten eingeben und Aufwände benennen.
- Abschließend die Zeiträume in separaten Spalten (pro Kalenderwoche) kennzeichnen: Gantt-Diagramm

5 GOLDENE REGELN ZUM PROJEKTPLAN

„Projektplan zeitnah anpassen."

∙

„Feedback von Stakeholdern einholen."

∙

„Projekt zusammen mit dem Team erstellen."

∙

„Projektplan an alle Projektbeteiligten verteilen."

∙

„Jede Änderung an alle und zeitnah kommunizieren."

SAP-Nachrichtenfindung – kurz und bündig

SAP-NACHRICHTENFINDUNG (1)

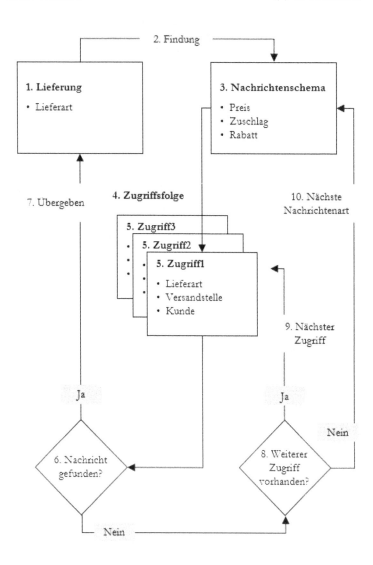

SAP-NACHRICHTENFINDUNG (2)

(1) Anlage der Lieferung
Die SAP-Nachrichten – hier am Beispiel des Lieferbelegs – beginnt mit der Anlage des Belegs.

(2) Ermittlung des Nachrichtenschemas
Basierend auf der Lieferart wird das Nachrichtenschema ermittelt - Customizing

(3) Liste Nachrichtenarten
Das Nachrichtenschema enthält alle Nachrichtenarten, die zur Lieferart in Frage kommen, d.h. die Nachrichten können zum Beleg verwendet werden.

(4) Ermittlung Zugriffsfolge
Im nächsten Schritt wird zur ersten Nachrichtenart die Zugriffsfolge ermittelt; dieser Zugriff wird im Folgenden durchsucht.

(5) Suche nach Konditionssatz
und mit dem ersten Zugriff eine Nachrichtenkonditionssatz gesucht.

(6) Nachrichtensatz gefunden?
Wenn eine Nachricht gefunden wurde…

(7) Übergabe an Beleg
Nachricht wird an den Lieferbeleg übergeben – ab hier wird aus dem Nachrichtenschema die nächste Nachrichtenart untersucht.

(8) Weiterer Zugriff vorhanden?
Wenn kein Konditionssatz gefunden wurde…

(9) Nächster Zugriff
Es wird untersucht, ob es weitere Zugriffe gibt. Wenn es weitere Zugriffe gibt, dann wird versucht mit dem nächsten Zugriff ein Konditionssatz zu ermitteln.

(10) Nächste Nachrichtenart
Wenn kein weiterer Zugriff vorhanden ist, geht das System im Nachrichtenschema zur nächsten Nachrichtenart über.

Mit S/4HANA gibt es die Möglichkeit die Nachrichtung komplett mit BRF+ zu steuern. BRF: Business Rule Framework

_____ NACHRICHTENFINDUNG - CUSTOMIZING _____

Folgende Möglichkeiten stehen zum Customizing der Nachrichtenfindung zur Verfügung:

Transaktion	Details
SPRO	Zentrales Customizing
NACE	Zentrale Transaktion – Konfigur. Nachrichtensteuer.
NACO	Konditionen der Nachrichtensteuerung
NACP	Nachrichtensteuerung Bedingungen
NACQ	Nachrichtensteuerung Konditionstabellen
NACR	Nachrichtensteuerung Konditionssätze
NACS	Nachrichtensteuerung Zuordnung Zugriffsfolge
NACT	Nachrichtensteuerung Konditionsarten
NACU	Nachrichtensteuerung Konditionsarten
NACV	Nachrichtensteuerung Partnerdefinition
NACW	Nachrichtensteuerung Verarbeitungsprogramme
NACX	Nachrichtensteuerung Zugriffsfolgen
NACY	Nachrichtensteuerung Feldkatalog
NACZ	Nachrichtensteuerung Schema

_____ SAP-TABELLEN ZUR NACHRICHTENFINDUNG ___

NACH

Detaildaten für Nachrichtenkonditionen - In dieser Tabelle sind die Details zu allen Nachrichtenkonditionen abgelegt, die im System angelegt worden sind.

NAST

Nachrichtenstatus - In der NAST sind alle Nachrichten, die zu einzelnen Belegen gefunden worden sind, gespeichert.

T685B

Konditionsarten: Zusatzdaten Nachrichtenversendung - Hier findet man Details zu den Nachrichtenkonditionsarten

TNAPR

Verarbeitungsprogramme für Nachrichten - In der TNAPR kannst du die Zuordnung der Verarbeitungsprogramme zu den Nachrichtenarten finden.

B…

Zugriffstabellen der Nachrichten – bspw. B010 – Versandstelle / Route - Die B-Tabellen (fangen immer mit B an und mit 3 folgenden Ziffern) stellen die Zugriffstabellen der SAP-Nachrichten dar.

_____ PFLEGE NACHRICHTENKONDITIONEN _____

VV11 / VV12 / VV13.. Verkauf
VV21 / VV22 / VV23..Versand
VV31 / VV32 / VV33..Faktura
VV61 / VV62 / VV63..Handling Units
VV71 / VV72 / VV73...Transport
MN04 / MN05 / MN06 ....Bestellungen
MN24 / MN25 / MN26 .... Anlieferung
MN10 / MN11 / MN12.. Lieferplan
MRM1 / MRM2 / MRM3 .... Rechnungsprüfung

Die Transaktionstrios bildet jeweils Anlegen/Ändern/Anzeigen

___ CUSTOMIZING-CHECK - NACHRICHTENFINDUNG ___

Falls mal geprüft werden muss, ob das Customizing zur Nachrichtenfindung in sich stimmig ist, kann dies wie folgt erfolgen:

Transaktion NACE aufrufen ▪▪▪ zu prüfende Applikation markieren ▪▪▪ Menüleiste > Springen > Customizing-Check

_____ ANWENDUNGSEIGENE TRANSAKTIONEN _____

VL70 ....Nachrichten aus Kommissionierlisten
VL71 ....Nachrichten aus Auslieferungen
VL72 .... Nachrichten aus Gruppen von Lieferungen
VL73 .... Rückmeldung dezentraler Lieferungen
VL74 .... Nachrichten aus Handling Units
VL75 ....Lieferavisnachrichten
VT70 .... Nachrichten zu Transporten
VF31 .... Nachrichten zur Faktura
ME9A ....Nachrichtenausgabe Anfragen
ME9E ....Nachrichtenausgabe LP-Einteilungen
ME9F..Nachrichtenausgabe Bestellungen
ME9K.. Nachrichtenausgabe Kontrakte
ME9L .... Nachrichtenausgabe Lieferpläne
MB90 ....Nachrichtenausgabe Materialbelege
MR91 ....Nachrichten zu Rechnungsbelegen

Wenn in den Nachrichtenkonditionen der Versandzeitpunkt 3 gewählt wurde, können die Nachrichten nur mit diesen Transaktionen verarbeitet werden

BEDEUTUNG DER VERSANDZEITPUNKT

Pro Nachrichtenkonditionssatz können Versandzeitpunkte (1 bis 4) bestimmt werden, die steuern, wann die Nachricht verarbeitet wird.

Versandzeitpunkt 1 - Versenden durch periodisch eingeplanten Job

Nachrichten mit Versandzeitpunkt 1 können mit Programm RSNAST00 verarbeitet werden, das als Job eingeplant werden kann.

Versandzeitpunkt 2 - Versenden durch Job, mit zusätzlicher Zeitangabe

Identisch zum Versandzeitpunkt 1 bis auf Punkt: Es kann per ABAP-Programmlogik ein Zeitraum ermittelt werden, in dem die RSNAST00 greift. Dieses Programm wird im Customizing der Nachrichtenart zugeordnet: Nachrichtenart > Zeitpunkt > Feld:

Programm für die Versendezeitpunktfindung. SAP bietet folgendes Beispielprogramm, das man sich per SE38 ansehen kann: RSFNDTIM

Versandzeitpunkt 3 - Versenden durch anwendungseigene Transaktion

Diese Nachrichten können mit anwendungseigenen Transaktionen ausgelöst werden - bspw. VL71 für Auslievernachrichten

Versandzeitpunkt 4 - sofort versenden (beim Sichern der Anwendung)

Bei diesem Versandzeitpunkt wird die Nachricht sofort/direkt beim Sichern des Belegs ausgeführt.

Tabellensicht   Bearbeiten   Springen   Auswahl   Hilfsmittel   System   Hilfe

NACE

Sicht "Nachrichtenarten" anzeigen: Detail

Dialogstruktur	Versand
▾ 🗀 Nachrichtenarten	Nachrichtenart LD00 Lieferschein
· 🗀 Mailtitel und -texte	
· 🗀 Verarbeitungsroutine	
· 🗀 Partnerrollen	

Allgemeine Daten   Vorschlagswerte   Zeitpunkt   Ablagesystem   Druck

Versandzeitpunkt 1 (Periodischer Job) nicht erlaubt   ☐
Versandzeitpunkt 2 (Job und Zeitangabe) nicht erlaubt   ☐
Versandzeitpunkt 3 (Anw.transaktion) nicht erlaubt   ☐
Versandzeitpunkt 4 (sofort) nicht erlaubt   ☐

――――――― NACHRICHTENFINDUNG-MAIL-TEXTE ―――――――

Mail-Titel bzw. Text können bei SAP-Mail-Nachrichten dynamisch ersetzt werden. Bspw. „&VBAK-VBELN&" im Mail-Titel zur Nachricht eingeben, um die Auftragsnummer mitzugeben. Damit diese dynamische Ersetzung funktioniert, muss im Bereich „Ersetzung der Textsymbole" die entsprechende Form-Routine und das Programm zur Nachrichtenart angegeben werden.

Objekt	Form-Routine	Programm
Auftrag	TEXT_SYMBOL_REPLACE	SAPMV45A
Transport	TEXT_SYMBOL_REPLACE	SAPLV56U
Faktura	TEXT_SYMBOL_REPLACE	SAPMV60A
Lieferung	TEXT_SYMBOL_REPLACE	SAPMV50A
Bestellung	TEXT_SYMBOL_REPLACE	SAPMM06E

_____ NACHRICHTENFINDUNG – SORTIERUNG _____

Wenn Nachrichten im Batch in Masse zu bestimmten Zeiten ausgegeben werden, kann die Verarbeitung und damit die Ausgabe der Nachrichten sortiert erfolgen. Im unteren Bsp. erfolgt die Ausgabe der Rechnung sortiert nach Fakturaart / Verkaufsorganisation / Rechnungsempfänger.

SAP Jobs – es gibt einiges zu entdecken.

_____ 3 VORAUSSETZUNG FÜR DIE JOBEINPLANUNG ____

1. Voraussetzung....User, der den Job einplant, muss die Berechtigung besitzen
2. Voraussetzung...........................Programm, das im Job laufen soll, bestimmen
3. Voraussetzung.....Selektionsvariante für den Joblauf zum Programm anlegen

_____ SAP JOBEINPLANUNG IN 4 SCHRITTEN _____

(1) Die Transaktion SM36 aufrufen, Jobnamen eingeben und einfach auf den Button Startbedingung (Flaggen-Button) klicken. Im Feld Ausführungsziel kann ein bestimmter Server angegeben werden, wo der Job laufen soll.

(2) Im folgenden Pop-Up-Fenster wird die Startbedingung für den Job festgelegt; folgendermaßen durchklicken: *Sofort > Periodenwerte > Anderen Periodenwerte >* ins Feld *Stunden* ein „2" eintragen – jetzt alle Pop-Up-Fenster durch Sichern schließen. Damit wurde festgelegt, dass der Job sofort startet und periodisch alle 2 Stunden automatisch wiederholt wird.

(3) Als nächstes im Startbild der Jobdefinition auf den Button Steps klicken. Im folgenden Pop-Up-Fenster im Bereich ABAP-Programm das Programm, das im Job laufen soll, und die Varianten angeben. Jetzt wurde bestimmt, welches Programm mit welcher Variante durch den Job gestartet werden soll. Nachdem sichern dieses Pop-Up-Fensters, ist das Programm im Steplistenüberblick zu sehen.

(4) Im letzten Schritt per F3 zurück zum Startbild der Jobdefinition und den Job abschließend sichern – damit ist der Job eingeplant, startet unverzüglich und läuft alle 2 Stunden automatisch los.

SAP BATCH JOB – TABELLEN

TBTCO .... Job-Zustandsübersichtstabelle
TBTCP .... Step-Übersicht eines Batch-Jobs
TBTCJSTEP .... Step-Übersicht eines Batch-Jobs
TBTCY... Tabelle für Jobs im Status ‚bereit'
TBTCA................................... Nachfolger-Relation bei Batch-Job Einplanungen
TBTCB...................................Vorgänger-Relation bei Batch-Job Einplanungen

SAP BATCH JOB – HILFSPROGRAMME

BTCAUX01 .... Jobs mit fehlenden Druckparameter anzeigen und reparieren
BTCAUX02 .... Jobs mit gelöschtem Drucker anzeigen
BTCAUX03 .... Hilfsprogramm zum Archivieren von Joblogs
BTCAUX04 .... mehrfach eingeplante periodische Jobs identifizieren
BTCAUX05 .... Jobs zu Spoolaufträgen selektieren
BTCAUX06 ....Protokollierung für Joblöschung einschalten
BTCAUX07 .... Status von aktiven Jobs überprüfen
BTCAUX08 .... Anfang oder Ende eines Joblogs anzeigen
BTCAUX09 .... Jobs mit gelöschten Benutzern identifizieren
BTCAUX10 .... Job mit letztem Ausführungstermin/Zeitfenster einplanen
BTCAUX11 .... Bsp.prog. zum Erzeugen eines Jobs mit Spoollistenempf.
BTCAUX14 ....Hintergrund-Jobs nach ihrer Häufigkeit auflisten
BTCAUX18 ...... Verschiedene Überprüfungen von Jobs und ihren Protokollen
BTCAUX20 .... Löschen obsoleter Einträge aus BTCOPTIONS

Hilfsprogramme sind per SE38 aufzurufen

Jobs mit fehlenden Druckparametern anzeigen und reparieren

Selektionsparameter
Jobname
Einplaner eines Batch-Jobs   *
☑ freigegebene und geplante Jobs

KLICKFOLGE -PERIODENWERTE FÜR JOBS

Klickfolgen in der Transaktion SM36 (Jobdefinition), um eine Startbedingung anzugeben – in diesem Beispiel: Beginn: Sofort/ Periode: Alle 2 Stunden.

Nr.	Pop-Up-Fenster	Button	Position	Eingabe
1.	Startterminwerte	Sofort	links oben	-
2.	Startterminwerte	Periodenwerte	rechts unten	-
3	Periodenwerte	Andere Periode	Mitte	-
4.	Expl. Periodenwert	Stunde(n)	Mitte	2

WEITERE SAP BATCH JOB TIPPS

Mehrere Steps

Im obigen Beispiel wurde zum Job nur ein Step (Programm) definiert. Hier ist es möglich mehrere Steps zu definieren, die in einem Joblauf nacheinander abgearbeitet werden.

Job-Monitor SM37

SM37 ist die zentrale Jobtransaktion, um Jobs zu überwachen, Laufzeiten zu ermitteln und Logs zu lesen.

Einplaner vs Ausführender

Beim Thema SAP Batch Job gibt es mindestens 2 User: User1 plant den Batch Job ein. User2 führt die Steps aus. Der User2 wird bei der Stepdefinition bestimmt (direkt im ersten Feld). Hintergrund: Berechtigungen.

Job soll nicht immer laufen

Mit der normalen Jobeinplanung per SM36 ist es nicht möglich, einen Job so einzuplanen, so dass er nur bis zu einem bestimmten Zeitraum läuft. Diese Anforderung kann man mit Hilfe des Programms BTCAUX10 (per SE38 aufrufen) umsetzen.

Wartezeit zwischen Steps

Wenn eine gewisse Wartezeit zwischen 2 Steps benötigt wird, kann man das folgendermaßen umsetzen: (1) Per SE38 das Programm RSWAITSEC ausführen und in Sekunden die gewünschte Wartezeit angeben. (2) Die Eingabe als Variante – bspw. 20 Sekunden - sichern. (3) Das Programm RSWAITSEC mit der Variante (20 Sekunden) als Step zwischen die beiden Steps einfügen.

Job debuggen

Einen aktiven Job debuggen: (1) Zu debuggenden Job, der aktiv sein muss, per SM37 aufrufen und markieren. (2) Einfach JDBG in die Transaktionsleiste JDBG eingeben und Enter drücken - happy Debugging ;-)

RSPC für Jobs

Normalerweise wird die Transaktion RSPC (Prozesskettenpflege) in Rahmen von BI-Projekten verwendet. Hier wird sie bspw. für die regelmäßige Cube-Befüllung eingesetzt. Doch man kann mit Prozessketten auch Batch Jobs aufsetzen. Batch Job mit Prozessketten haben bspw. den Vorteil, dass mehrere parallele Steps aufgesetzt werden können und anschließend der nächste Step nur beginnt, wenn alle parallelen Steps beendet sind.

Job „inaktiv" setzen

Sehr elegante Möglichkeit einen Job auf „inaktiv" zu setzen: Einfach die Variante mit „unsinnigen" Werten ändern.

SAP-Debugging – so geht es …

DEBUGGER KOMMANDOS

Der Debugger im SAP-GUI kann durch Eingabe folgender Kommandos - Eingabe in die Transaktionsleiste - gestartet werden.

/h...Starten des Debuggers
/hs...Debugger im Systemdebugging-Modus starten
/ha...........................Start des Debuggers und überspringe die Dynprosteuerung
/hx ....komplettes Schließen des Debugger-Modus

WICHTIGE SHORTCUTS IM DEBUGGING

Short-Cut	Details
F5	Zeile für Zeile innerhalb des Debugging-Modus weiterlaufen.
F6	Ein Unterprogramm wird ausgeführt (übersprungen) ohne in die Details abzuspringen
F7	Rücksprung aus einer Anweisung (Unterprogramm) in die nächst höherer Ebene
F8	Ausführen des Programms bis Abschluss (quasi Debugger verlassen) oder bis zum Breakpoint

BREAKPOINT BEI MESSAGE

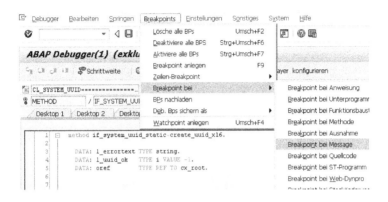

Wenn man eine konkrete Fehlermeldung debuggen will, hilft die Option „Breakpoint bei Message"

#1
Nachrichtenklasse und Nachrichtennummer der Fehlermeldung ermitteln und notieren.

#2
Transaktion aufrufen, bei der der Fehler auftritt, und Debugger per /h aktivieren (optional per /ha)

#3
Breakpoint bei Message Option aufrufen und Nachrichtenklasse und Nachrichtennummer eingeben und Debugger per F8 weiterlaufen lassen

---

#4
Jetzt sollte der Debugger genau an der Fehlerstelle beim Breakpoint stoppen; hier kann man nun analysieren.

DEBUGGEN EINES POP-UPS

#1 Zunächst eine TXT-Datei mit folgendem Inhalt anlegen und auf dem Desktop speichern.

#2 Im nächsten Schritt diese Datei vom Desktop per Drag&Drop ins Pop-Up-Fenster ziehen – prompt springt der Debugger-Modus an.

ENDLOS-SCHLEIFE DEBUGGEN

Eine Endlos-Schleife erkennt man daran, dass eine Transaktion nicht zum Ende kommt. Zusätzlich ist sie in der Transaktion **SM50** (Workprozesse) als laufender Prozess zu sehen. In der SM50 kann man diesen Prozess einfach debuggen: Prozess markieren und Debugger starten.

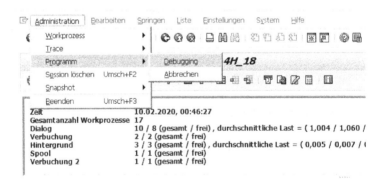

DEBUGGEN EINES ABGEBROCHENEN JOBS

Schritt	Details
SM37	Transaktion SM37 aufrufen und abgebrochenen Job selektieren, der zu debuggen ist.
Job markieren	In der Jobübersicht (Selektionsergebnis) Job markieren.
JDBG	Jetzt in die Transaktionsleiste **jdbg** – prompt startet der Job wieder im Debugger-Modus

SYSTEMVARIABLEN

syst-batch .... sy-batch=x, ABAP-Programm wird im Hintergr. ausgeführt
syst-index ....Anzahl der Schleifendurchläufe in DO- / WHILE-Schleifen
syst-langu .... Sprachschlüssel (einstel.) für die aktuelle Textumgebung
syst-mandt..Mandantenkennung
syst-repid...Name des aktuellen ABAP-Programms
syst-subrc .... Rückgabewert der letzten ABAP-Anweisung
syst-subrc=0 .... alles OK
syst-subrc=4 .... Fehler
syst-tabix .... Zeilennummer des Tabellenindex einer internen Tabelle
syst-tcode .... Aktueller Transaktionscode
syst-title .... Titelbalken-Text des Dynpros erscheint.
syst-uname ....aktueller Benutzer
syst-uzeit ....Systemzeit

Allen Systemvariablen können per SE11 und der Struktur SYST ermittelt werden.

Die Struktur SYST ist in ABAP auch über SY ansprechbar.

_____ **ABAP** NACH **TEXT DURCHSUCHEN** _____

		Report (SE38)	Transaktion
RS_ABAP_SOURCE_SCAN	*Scan ABAP Report Sourcen*	▪	
AFX_CODE_SCANNER	*ABAP Search*	▪	
EWK1	*Reporttext*		▪
CODE_SCANNER	*ABAP Search*		▪
RKCTSEAR	*Stringsuche in Programmen*	▪	

Zum Durchsuchen von ABAP Code nach bestimmten Strings bietet SAP diese Reports (aufzurufen per SE38) oder Transaktionen.

SAP-Customizing Tipps

ZENTRALER CUSTOMIZINGEINSTIEG

Transaktion ... Modul/Thema .... Text

OKM1 ....CO...Customiz. Controlling allg.

OKM2........................CO...........................Customizing Kostenstellenrechnung

OKOA ....CO...Customizing Abrechnung

ORKE ....CO...Customizing CO-PA

OLMB .... MM .... Customizing Bestandsführung / Inventur

OLMD .... MM ....Customizing Disposition

OLME.......................MM ....Customizing Einkauf / Bestellung

OLMR ....MM .... Customizing Rechnungsprüfung

OLMSRV.................... MM .... Customizing Einkauf / Dienstleistung

OLMW.......................MM .... Customizing Bewertung / Kontierung

OLQB.....................MM/QM ....Customizing QM in der Beschaffung

VOK3..........................MM .... Customizing Nachrichtenfindung Einkauf

VOK4..........................MM .... Nachrichtenfindung Bestandsführung

OLML ....SD/LES...Customizing LES

VOBO..........................SD .... Konfiguration Rückstandsauflösung

VOFM.......................SD ....SD Zentr. Customiz. Beding. / Formroutinen

VOK0..........................SD ....Konfiguration Preisfindung

VOK1..........................SD ....Customizing Kontenfindung

VOK2..........................SD ....Customizing Nachrichtenfindung

WB2R_IMG............. COCO ....Customizing für Kontraktabrechnung

NACE................... Nachrichten. ....Zentrale Konfiguration Nachrichtensteuer.

NACO................. Nachrichten. .... Konditionen der Nachrichtensteuerung

NACP.................. Nachrichten. ....Bedingungen

NACQ .... Nachrichten. ....Konditionstabellen

NACR................... Nachrichten. .... Konditionssätze

NACS .... Nachrichten. ....Zuordnung Zugriffsfolge

NACU .... Nachrichten. ....Konditionsarten

NACV .... Nachrichten. ....Partnerdefinition

NACW .... Nachrichten. .... Verarbeitungsprogramm

NACX .... Nachrichten. ....Zugriffsfolgen

NACY.................. Nachrichten. ....Feldkatalog

NACZ................... Nachrichten. .... Schema

───── CUSTOMIZING-TRANSAKTIONEN ERMITTELN ─────

(1) Transaktion SPRO aufrufen und per F5 allgemeinen Einführungsleitpfaden darstellen

(2) Option „IMG-Aktivität anzeigen" aktivieren: *Menüleiste > Zusatzinformation > Zusatzinformationen > Schlüssel anzeigen > IMG Aktivität*

(3) Neben jedem Customizing-Punkt wird die IMG Aktivität dargestellt (Spalte: Zusatzinformationen) – vielfach bilden die letzten 4-

Stellen den Transaktionscode des Customizing-Punktes

(4) Beispielsweise: Customizing-Punkt: Verkaufsbelegarten definieren / IMG-Aktivität: SIMG_CFMENUOLSDVOV8 / Transaktion: VOV8

(5) Wenn der 4-Stellen-Tip nicht funktioniert, kann man mit der IMG-Aktivität und der Tabelle **CUS_IMGACH** die konkrete Transaktion nachschauen.

_____CUSTOMIZING KONZEPT (1) _____

Aufgabe	Fragestellung
Einführung eines neuen Objekts (bspw. Werk, Belegart, …)	Was muss hierfür alles gecustomized werden?

Lösung

Systematische Ermittlung der einzelnen Customizing-Aktivitäten, die zum Objekt zugeordnet sind:

#1 Feld des Objekts
ermitteln (bspw. WERKS)

#4 Customizing Aktivitäten
per SM30 ermitteln

#2 Alle Tabellen zum
Feld per DD03VV ermitteln

#3 Tabellen per DD02L
eingrenzen (C/G)

CUSTOMIZING KONZEPT (2)

Task	Details
#1 Feld ermitteln	Feldnamen per F1 und technische Information auf das Feld ermitteln – bspw. WERKS
#2 Tabellen bestimmen	Mit der Tabelle DD03VV alle Tabellen bestimmen, in denen FELDNAME=WERKS vorkommt.
#3 Tabellen eingrenzen	Tabellen kopieren und per Tab. DD02L auf Customizing-Tab. eingrenzen (AusliefKlasse=C/G)
#4 Customizing eingrenzen	Per SM30 Customizing-Aktivitäten zu den Tabellen ermitteln (Button: Customizing > o. Proj. weiter)

Die Customizing-Aktivitäten zu einem Feld können **viel einfacher** über den Customizing-Button innerhalb der F1-Hilfe ermittelt werden. Doch das oben beschriebene Vorgehen bietet den **Vorteil**, dass auch Z-Tabelle, die als Customizing-Tabellen definiert sind, berücksichtigt werden.

▪ **F1-Hilfe / Customizing-Button** ▪

Verkaufsbelegart

Klassifikation, die zwischen verschiedenen Arten von Verkaufsbelegen unterscheidet.

▪ **Liste der IMG-Aktivitäten** ▪

	IMG Aktivität
Einführungsleitfaden	
Textfindung	Textschema zu Verkaufsbelegkopf zuordnen
SSR (Tankstellen-Management)	Vertriebsbelegarten für IS-Oil-Daten zulassen
SSR (Tankstellen-Management)	Zahlungskarten-Planarten pflegen
Versand	Versandbedingung je Verkaufsbelegart definiere
Versand	Terminierung je Verkaufsbelegart definieren
Versand	Terminierung mit Routenfahrplan für Verkaufsbe
Versand	Textschemata definieren und zuordnen
Versand	Kalkulationsschema für Wertkontrakt definieren

_____ CUSTOMIZING-AUFTRAG ZUR AKTIVITÄT _____

Alle Aufträge zu einer konkreten Customizing-Aktivitäten können mit der
Transaktion: RSWBO040 (Report: RSWBO040) ermittelt werden:

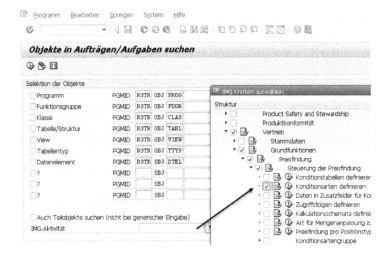

Transportaufträge zu „Konditionsarten definieren" ermitteln

#1 .... Transaktion RSWBO040
#2 .... Maus auf das Feld „IMG-Aktivität" und F4 drücken
#3 .... Die relevante Customizing-Aktivitäten auswählen
#4 .... Auswahl bestätigen
#5 .... Suche ausführen (F8)

Die Transaktion kann natürlich auch zentral über das „Transport Organizer
Tools" (Transaktion SE03) aufgerufen werden. Der Aufruf per RSWBO040
mit SE38 könnte den Vorteil bieten, dass man fehlende Berechtigungen zur
SE03 umgeht.

WO WIRD DIE TABELLE GECUSTOMIZED

Der Customizing-Screen des SAP ERP System (SPRO) besitzt eine sehr effektive Suchfunktion (STRG+F), die die Suche nach Stichworten unterstützt. Daneben kann man zusätzlich mit der Transaktion SM30 das Customizing nach Tabellen durchsuchen, um die Frage zu beantworten „Wo wird die Tabelle gecustomized?"

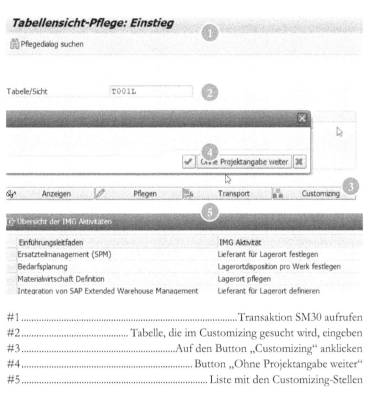

#1 ....Transaktion SM30 aufrufen

#2 .... Tabelle, die im Customizing gesucht wird, eingeben

#3 ....Auf den Button „Customizing" anklicken

#4 ....Button „Ohne Projektangabe weiter"

#5 ....Liste mit den Customizing-Stellen

Wie Roberto schon in meinem Blog angemerkt hatte, ist diese Option natürlich nur für
Customizing-Tabellen verfügbar (Auslieferungsklasse C oder G)

Was man zu SAP-IDocs wissen sollte ...

3 SCREENS DER TRANSAKTION WLF_IDOC

▪ WLF_IDOC – Selektionsscreen ▪

▪ WLF_IDOC - Ergebnisliste ▪

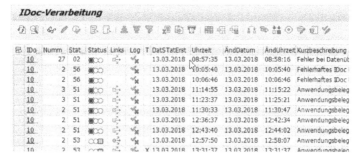

▪ WLF_IDOC – IDoc-Details ▪

_____ 21 VORTEILE DER WLF_IDOC TRANSAKTION _____

(1) Optimierter Selektions-screen strukturiert in Reitern.

(2) „Größer oder gleich"-Option für die Datumsselektion.

(3) Suche nach Benutzername - wer hat das IDoc verarbeitet.

(4) Massenersetzung von Inhalten anschließend zur IDoc-Suche nach Inhalten.

(5) Monitoring von IDocs nach bestimmten Status mit Jobeinplanung.

(6) Hintergrundverarbeitung Einplanung von unverarbeiteten / fehlerhaften IDocs.

(7) ALV-Listen Anzeige der Selektionsergebnisse – Übersicht!

(8) Absprung in IDoc-Details: Zum verlinkten Beleg, Status-Log, IDoc-Details, IDoc-Struktur.

(9) IDoc-Alter wird in Tagen in der Ergebnisliste dargestellt.

(10) Sicht wechseln (Kopfhörer-Icon): Baumansicht (WE02), Gruppiert nach Status (mit Kreisdiagrammdarstellung der Status).

(11) Verarbeitung von fehlerhaften / unverarbeiteten IDocs gem. BD87.

(12) Editierung von IDoc-Daten – Voraussetzung: Berechtigung /

Customizing (_SPRO_ > _Anwendungsübergreifen Komponenten_ > _IDoc-Monitoring für Agenturgeschäft und Retail_).

(13) IDoc an ein anderes System versenden mit dem Blitz-Icon.

(14) Vergleichen der Daten von 2 IDocs – 2 IDocs markieren und Vergleichs-Icon anklicken.

(15)* Editierung des IDoc-Kontrollsatzes verändern.

(16)* Kopie eines IDocs mit der Löschung von bestimmten Segmenten erstellen.

(17)* IDoc-Status ändern – gemäß Report RC1_IDOC_SET_STATUS.

(18) 3 Bereiche Aufteilung der IDoc-Details: (a) Navigationsbaum / (b) Statussätze / (c) Inhalt der Segmente.

(19) Ein-/Ausblenden der Detailanzeigebereiche.

(20) ALV-Darstellung von gleichen Segment-Typen mit den Daten des IDocs.

(21) Statuslangtexte Darstellung in der IDoc-Liste (Anzeigeoption im Selektionsscreen).

_* Diese Features können im Produktivsystem nur genutzt werden, wenn folgende 3 Voraussetzung erfüllt sind: (1) Berechtigung, (2) User-Parameter RWLFIDOC_NEW_EXPERT=X gesetzt und (3) Eingabe von &EXPERT in die Transaktionsleiste._

_____ IDOC-BELEGVERLINKUNG PER SE16N (1) _____

• Eingangs-IDocs •

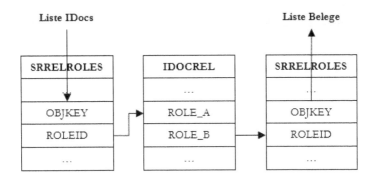

• Ausgangs-IDocs •

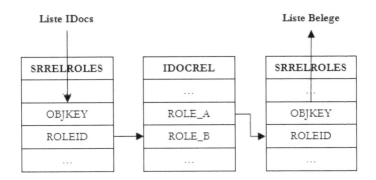

Tabelle..Beschreibung

SRRELROLES..Object Relationship Service: Rollen

IDOCREL.................... Verknüpfungen zwischen IDoc und Anwendungsobjekt

_____ IDOC-BELEGVERLINKUNG PER SE16N (2) _____

Falls man mal vor der Bredouille steht, basierend auf einer Liste von IDocs die dazugehörenden Belege zu ermitteln, kann dies mit folgenden Schritten durchgeführt werden (*Vorgehen gilt für Eingangs-IDocs*):

Step	How-to ...
#1	Liste der IDoc liegt vor (in Excel) – 16-stellig mit Nullen aufgefüllt.
#2	Tabelle SRRELROLES per SE16N aufrufen und die IDoc-Nummer in das Feld OBJKEY zur Selektion eingeben und ausführen.
#3	Aus den Selektionsergebnissen die Werte der Spalte ROLEID kopieren.
#4	Die Tabelle IDOCREL per SE16N aufrufen und mit den kopierten Werten aus der vorherigen Tabelle mittels Feld ROLE_A selektieren.
#5	Aus den Ergebnissen der Selektion der IDOCREL die Werte der Spalte ROLE_B kopieren
#6	Erneut Tabelle SRRELROLES aufrufen und mit den vorher kopierten Daten per Feld ROLEID selektieren.
#7	In den Ergebnissen ist nun in der Spalte OBJKEY (unter anderem) die gesuchte Belegnummer enthalten.

Das Vorgehen für Ausgangs-IDocs ist auf der vorherigen Seite schematisch erklärt.

IDOC-BELEGVERLINKUNG PER FUBA

(1) Per SE37 FuBa SREL_GET_NEXT_NEIGHBORS ausführen **(2)** Im Bereich Import-Parameter auf das Puzzle-Icon neben OBJECT klicken **(3)** Im nächsten Screen im Feld OBJKEY die IDoc-Nummer (16-stellig mit Nullen aufgefüllt) und im Feld OBJTYPE „IDOC" eingeben und mit F3 zurück. **(4)** Den Funktionsbaustein per F8 ausführen. **(5)** Im Bereich Tabellen (unten) auf das Tabellen-Icon mit den Ergebnissen klicken.

IDOC TO XML

#1 ....Transaktion SE37 aufrufen
#2 ....IDOC_XML_TRANSFORM eingeben und ausführen (F8)
#3 ....Ins Feld DOCNUM IDoc Nummer eingeben und ausführen (F8)
#4 ....IDoc wird im XML-Format dargestellt

IDOC-QUALIFIER-WERTE ERMITTELN

Bsp.: IDoc-Typ: SHPMNT / Segment: E1EDT10 / Feld: QUALF

#1 ....Transaktion SE11 aufrufen
#2 ....Ins Feld DB-Tabelle E1EDT10 eingeben / Anzeigen klicken
#3 ....Im Detailbild in der Spalte Komp.typ auf EDI_VTDT10 klicken.
#4 ....In der Zeile „Domäne" auf den Wert EDI_VTDT10 doppelklicken
#5 ....Im nächsten Bild den Reiter „Wertebereich" anklicken
#6 ....Die Liste enthält alle möglichen Qualifer zum E1EDT10

IDOC-TRANSAKTIONEN – ALLGEMEIN

WLF_IDOC... IDoc Verarbeitung
WE02..Anzeigen IDoc
WE05...IDoc Listen
BD87 ....Statusmonitor für ALE Nachrichten

IDOC-TRANSAKTIONEN – ADMINISTRATION

WE20.. Partnervereinbarungen
WE21...Portbeschreibung
SM59.. RFC Destinationen (Anzeige u. Pflege)
SM58...Fehlerprotokoll Asynchron. RFC

IDOC-TRANSAKTIONEN – SUCHE / LÖSCHEN

WE06..Aktive IDoc Überwachung (Monitoring)
WE07..IDoc Statistik
WE09.. IDocs suchen über Inhalt
WE10.. IDocs suchen über Inhalt
WE11...Löschen von IDocs

IDOC-TRANSAKTIONEN – TEST

WE19...Testwerkzeug
WE15.. Test Ausgangsverarbeitung ab NAST
WE14...Test Ausgangsverarbeitung
WE18...Statusdatei erzeugen
WE17.. Test Statusdatei
WE12... Test modifizierte Eingangsdatei
WE16.. Test Eingangsdatei

IDOC-TRANSAKTIONEN – UMSCHLÜSSELUNG

WE70...Umschlüsselung: Basistypen
WE71.. Umschlüsselung: Erweiterungen
WE72...Umschlüsselung: IDoc Typen
WE73...Umschlüsselung: log. Nachrichten
BD58 .... Umsetzung der Organisationseinheiten
BD59 .... Zuordnung Objekttyp zu Zw.struktur

IDOC-TRANSAKTIONEN – DOKUMENTATION

WE60...Dokumentation für IDoc Typen
WE64.. Dokumentation Nachrichtentypen

IDOC-TRANSAKTIONEN – ENTWICKLUNG

WE31... Entwicklung IDoc Segment
WE30..Entwicklung IDoc Typ
WE81..Logische Nachrichtentypen
WE82..Zuordnung Nachrichten zu IDoc Typ
WE41.. Vorgangscodes Ausgang
BD51 .... Eingangsfunktionsbausteine pflegen
WE57... Zuordnung Nachrichten zu Anwendungsobjekt
WE42..Vorgangscodes Eingang

IDOC-TRANSAKTIONEN – SONSTIGE

BDM2..Monitoring: IDOCs beim Empfänger
BDM7..ALE Audit: Statistische Auswertungen
SARA... Archivadministration
IDOC ....IDoc: Reparatur und Prüfprogramme
BD20 ....IDoc an die Anwendung übergeben
BD21 ....Änderungszeiger selektieren
BD22 .... Änderungszeiger löschen
BD23 .... Serialisierungsdaten löschen
BD40 ....Änderungszeiger einer Gruppe lesen
BD41 .... IDocs einer Gruppe versenden
BD42 ....IDocs einer Gruppe prüfen
BD43 ....Einbuchen der IDocs einer Gruppe
BD47 ....Abhängigkeiten zwischen Methoden
BD48 .... Abhängigkeit Methode - Nachricht
BD51 .... Eingangsfunktionsbausteine pflegen
BD52 ....Änd.zeiger aktiv. pro Änd.beleg-Pos.
BD53 ....Reduzierung von Nachrichtentypen

_____ **IDOC-TRANSAKTIONEN – STEUERUNG** _____

WE47...Statuspflege
WELI.. Statusgruppen pflegen
WE43... Funktionsbaustein Statussatz Anzeige
WE24.................................... Vorschlagswerte Ausgangsparameter
WE27.....................................Vorschlagswerte Eingangsparameter
WE44...Partnerarten und Prüfungen
WE45.................................... Weiterleiten Eingang (V3, EDILOGADR)
WE55...Funktionsbaustein für Pfadnamen
WE34..Objekte zur Anzeige von XML IDocs
WE32...Entwicklung IDoc Sicht

_____ **IDOC-TRANSAKTIONEN – UMSETZREGELN** _____

BD62 ....Segment Umsetzungsregel definieren
BD79 .... Pflege IDoc Umsetzungsregeln
BD55 .... Zwischenbeleg Umsetzung pflegen

_____**IDOC-TABELLEN ZU IDOC-DATEN** _____

EDIDC .... Kontrollsatz
EDID4 ....IDoc-Datensätze
EDIDS .... Statussatz

_____**IDOC-TABELLEN ZU PARTNERVEREINBARUNG** _____

EDPP1 ....EDI-Partner (allgem. Partnervereinb. Ein- und Ausgang)
EDP12........................Partnervereinbarung: Ausgang mit Nachrichtensteuerung
EDP13.............................. Partnervereinbarung: Ausgang (technische Parameter)
EDP21..Partnervereinbarung: Eingang
TEDST..SAP-EDI Formroutinen zum Stammdaten lesen

_____ IDOC-TABELLE – BELEG-VERLINKUNG _____

SRRELROLES... Object Relationship Service : Rollen
IDOCREL.................... Verknüpfungen zwischen IDoc und Anwendungsobjekt

__ IDOC-TABELLEN ZU DEFINITION VON STRUKTUREN _

EDISDEF ....IDoc Entwicklung: IDoc Segmentdefinitionen
EDISEGT ....EDI: Kurzbeschreibung der IDoc-Segmente
IDOCSYN ....Syntaxbeschreibung für Basistypen
EDSAPPL .... EDI: IDoc-Segment Anwendungsstruktur

_____ IDOC-TABELLEN ZUM STATUS _____

TEDS1 ....IDoc-Statuswerte
TEDS2 .... Kurzbeschreibung der IDoc-Statuswerte
TEDS3 .... EDI Status: Zuordnung zu Statusgruppen, Archivierbarkeit
STACUST........ Customizing für IDoc-Status (Stat.gruppen,Archiv,Processing)
STALIGHT..................... Ampelzuordnung zu Statusgruppen für IDoc-Anzeige

_ IDOC-TABELLEN - NACHR.- / BASISTYP. / VORG.CODE

EDMSG...Logische Nachrichtentypen
EDIMSGT .... Kurzbeschreibung der SAP Nachrichtentypen
EDE1T .... EDI: Texttabelle zu Vorgangscodes Ausgang (TEDE1)
TEDE1 .... EDI-Vorfallstypen für Ausgang
TMSG1 .... Logische Nachrichten und Vorgangscodes im Ausgang
EDE2T .... EDI: Texttabelle zu Vorgangscodes Eingang (TEDE2)
TBD52..Funktionsbausteine für ALE-EDI Eingang
TEDE2 .... EDI-Vorfallstypen für Eingang
TMSG2 ....Logische Nachrichten und Vorgangscodes im Eingang

IDOC-DATEN VERÄNDERN (1)

▪ Per WE02 ▪

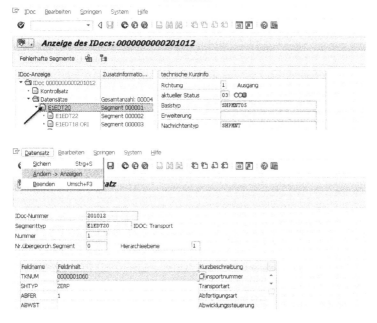

▪ Per WE19 ▪

IDOC-DATEN VERÄNDERN (2)

Die Daten eines IDocs können auf 2 Arten verändert werden: WE02 oder WE19 - in beiden Fällen wird ein neues IDoc angelegt. Mit der WE19 ist es möglich ein komplett neues IDoc (basierend auf dem Basistyp) aufzubauen. Mit der WE02 kann man nur einzelne Felder eines bestehenden IDoc anpassen.

Transaktion	How-to …
WE02	<ul><li>IDoc per WE02 aufrufen (Anzeige des IDocs …)</li><li>Doppelklick auf das Segmentblatt, dessen Daten verändert werden sollen</li><li>In den Segmentdetail: Menüleiste > Datensatz > Ändern</li><li>Daten der jeweiligen Felder anpassen und sichern</li><li>Diese Option ist nicht für alle IDoc-Status vorgesehen.</li></ul>
WE19	<ul><li>IDoc per Transaktion WE19 aufrufen (konkrete IDoc-Nummer nötig)</li><li>Das zu verändernde Segment aufklappen</li><li>Auf die Segmentdaten klicken > „Datensatz ändern" Fenster öffnet sich</li><li>Daten anpassen und Enter</li><li>IDoc mit den neuen Daten erneut prozessieren (Standard Eingang oder Standard Ausgang)</li></ul>

In beiden Fällen wird ein neues IDoc angelegt, in dessen Statussatz dokumentiert ist, dass dieses manuell angelegt wurde

DAS BESTE ICON IN DER WE02

IDocs im Hierarchiebau markieren // Auf den Button „**Liste spezielles Segment**" klicken // Segmentnamen eingeben // Weiter

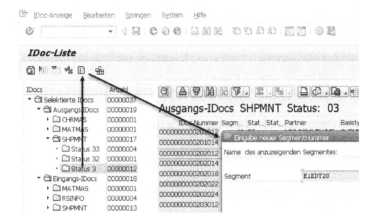

Es werden alle Daten des ausgewählten Segments für die alle gewählten IDocs angezeigt – unbedingt mal probieren!

ALLE DATEN EINES IDOCS DARSTELLEN (1)

▪ Per WE02 ▪

IDoc per WE02 auswählen
IDoc anzeigen
Menüleiste: IDoc > Drucken IDoc

In dieser Liste werden alle Segmente / Felder / Daten des ausgewählten IDocs dargestellt.
Diese können gedruckt oder exportiert werden.

ALLE DATEN EINES IDOCS DARSTELLEN (2)

▪ Per WE19 ▪

IDoc per WE19 aufrufen
Höchstes Segment (EDIDC) markieren.
Auf alles expandieren klicken

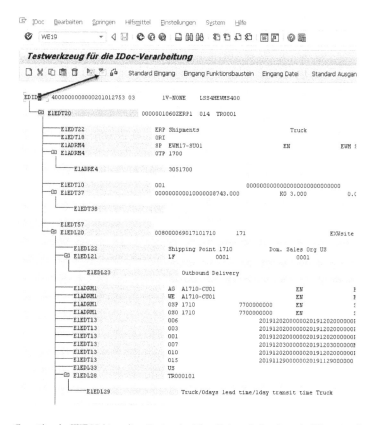

Gegenüber der WE02 bietet diese Option den Vorteil, dass die Struktur des IDocs visuell dargestellt wird.

__ WE02: ALLE DATEN EINES SEGMENTS DARSTELLEN _

Wenn man per WE02 sich die Daten eines Segments anzeigen lässt (Doppel-klick auf das Segment-Icon), werden nur die Felder dargestellt, die gefüllt sind (nicht die leeren). Wenn man sich hier alle Felder anzeigen lassen will, muss man die Option „Datensatz ändern" aktivieren

▪ Segmentdaten im Anzeige-Modus ▪

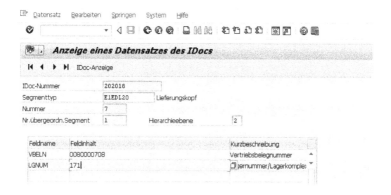

▪ Segmentdaten im Änderungs-Modus ▪

_____ WE60: IDOC-DOKUMENTATION _____

Mit der Transaktion WE60 kann man sich sehr detailliert die Dokumentation der IDocs pro Basis anzeigen lassen.

Wenn man sich innerhalb der WE60 weiterführende Informationen (bspw. Feldwert) darstellen will, muss man dies pro User aktivieren.

▪ Springen > Benutzereinstellungen ▪

▪ Anzeigeattribute für IDoc-Typ aktivieren ▪

In den Änderungsmodus (per Stift-Icon) springen, alle Anzeigeattribute setzen und Einstellungen sichern.

IDOCS NACH INHALTEN SUCHEN

Mit den Standard-IDoc-Transaktionen kann man IDocs sehr effektiv, nach Datum, Partner, Basistyp, etc. suchen. Doch wenn man IDocs nach Inhalten (bspw. Kunde-, Materialnummer oder Belegnummer) suchen will, sind folgende Transaktionen vorgesehen: WE09 / WLF_IDOC.

▪ WE09 ▪

Programm   Bearbeiten   Springen   System   Hilfe

WE09

IDoc-Suche nach betriebswirtschaftlichem Inhalt

Datenquelle ...

Kriterien für die Suche in den Datensätzen

Suchen in Segment ...	E1EDL20
Suchen in Feld ...	VBELN
nach Wert ...	800001212

▪ WLF_IDOC ▪

Programm   Bearbeiten   Springen   System   Hilfe

WLF_IDOC

IDoc-Verarbeitung

Standard Selektion | Zusatzselektion | Partner | Statussätze | Kriterien für Datensatz | Überwachung

Suchkriterien I

Nummer des SAP-Segmentes	
Segmenttyp	E1EDL20
Suche in Feld ...	VBELN
Wert, nach dem gesucht werden	80001212
☐ Wert ändern	
Ers.durch:	
Konjunktion	AND

Suchkriterien II

In beiden Fällen muss das konkrete Segment und das Feld <u>nicht</u> angegeben werden. Für die Suche ist es ausreichend die Belegnummer im Feld „Wert" einzutragen.

_____ FEHLERHAFTE IDOCS AUF ERLEDIGT SETZEN ____

Falls fehlerhafte IDocs nicht mehr verarbeitet werden sollen, kann man diese auf den Status „68 - Fehler, keine weitere Bearbeitung" setzen. Das Setzen des Status kann prinzipiell auf zwei Wege erfolgen:

```
#1 ....................................................SE38: RC1_IDOC_SET_STATUS
#2 ........................................... WLF_IDOC: Statussatz ändern
```

_____ EINGANGS-IDOCS PER JOB VERARBEITEN _____

In der Partnervereinbarung zu IDocs (WE20) kann eingestellt werden, dass IDocs entweder direkt oder nicht direkt verarbeitet werden. Fall Eingangs-IDocs nicht direkt verarbeitet werden sollen, können diese IDocs per Job verarbeitet werden. Der Report (SE38) - um diese IDocs per Job zu verarbeiten - ist die **RBDAPP01**, die mit einer Variante einzuplanen ist.

___FEHLERHAFTE IDOCS PER JOB NACHVERARBEITEN __

Wie bei der Eingangsverarbeitung kann man auch fehlerhafte IDocs per Job nach verarbeiten lassen; hier muss der Report (SE38) **RBDMANIN** mit entsprechender Variante als Job eingeplant werden.

_____ DIE WICHTIGSTEN IDOC TABELLEN _____

Tabelle	Details
EDIDC	In dieser Tabelle sind die Kontroll-/Kopfdaten des IDocs
EDID4	Die EDID4 enthält die betriebswirtschaftl. Daten des IDocs
EDIDS	Hier sind die Statussätze mit Details zu den IDocs abgelegt

WEDI: IDOC BEREICHSMENÜ

Obwohl das IDoc-Bereichsmenü WEDI nicht alle IDoc-Transaktionen enthält, bietet es einen guten Überblick über die IDoc Funktionen.

▪ *Aufrufen aus dem Startbild per Transaktion WEDI* ▪

IDOC UMSETZREGELN

Mit IDoc-Umsetzregeln lassen die Feldinhalte sowohl von Ein- als auch von Ausgangs-IDocs modifizieren – und das alles nur mit Customizing und ohne ABAP. Zentrale Transaktionen für Umsetzregeln sind die:

BD62 .... Umsetzregel anlegen
BD79 .... Umsetzregeln-Logik pflegen
BD55 .... Umsetzregeln zuordnen

Transaktion	Details ...
BD62 - Anlegen	Mit der BD62 wird zunächst einfach die Umsetzregel mit Bezeichnung und Beschreibung angelegt und einem Segment zugeordnet.
BD79 – Logik/Details	In diesem Schritt wird die Logik der Regel festgelegt, d.h. hier wird pro Feld des definierten Segments festgelegt wie die Daten zu modifizieren sind.
DB55 - Zuordnung	Im letzten Schritt wird festgelegt, für welche Nachrichtenart, Sender und Empfänger die aktuelle Umsetzregel gelten soll.

Anwendungsfälle für Umsetzregeln

Konstante setzen .... In ein Segmentfeld wird eine Konstante gesetzt
Feld löschen .... Ein Feldwert wird gelöscht
Abhängig anpassen .... Abhängig vom Feldwert wird ein anderer Wert gesetzt

IDOC UMSETZREGELN – SCREEN-SHOTS

▪ BD62 – Regel anlegen ▪

▪ BD79 – Logik anlegen ▪

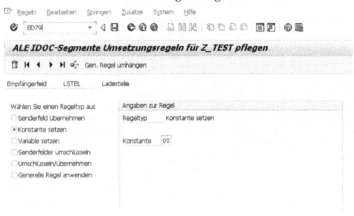

▪ BD55 – Regel zuordnen ▪

IDoc Umsetzregeln - Ablauf

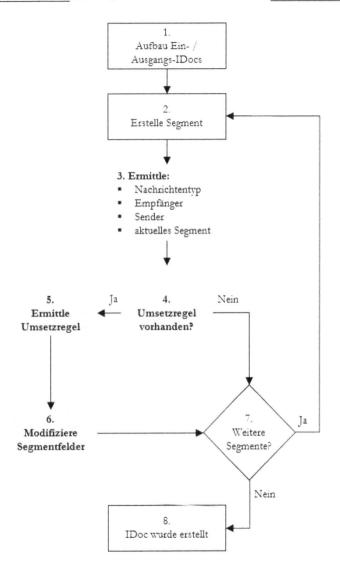

2 IDOCS VERGLEICHEN

2 IDocs per WLF_IDOC aufrufen, die zu vergleichen sind, markieren und auf den Vergleichsbutton klicken.

Vergleichsergebnis: Viereck-Icon (Grün) – keine Abweichung / Dreieck-Icon (Gelb) – Abweichungen in den Daten vorhanden.

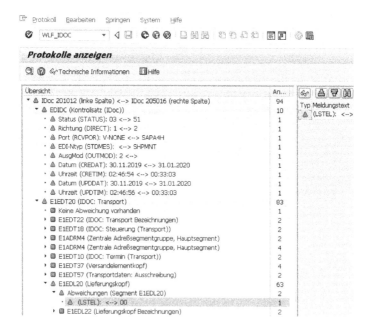

SAP-SD Essentials

SAP SD ÜBERBLICK

Pre-Sales	Anfrage / Kontrakt / Angebot / Lieferplan
Auftragsabwickl.	BAnf / Kundenauftrag / Bestellung
Versand	HU / Lieferung / Warenausgang / Frachtkosten / Transport
Fakturierung	Rechnung / Faktura
FI	Kreditorenbuchhaltung / Debitorenbuchhaltung / Bestandskonto

_____SD BELEGE / OBJEKTE_____

Liste mit SAP-Belegen bzw. -Objekten, die im Rahmen von Vertriebsprozessen genutzt/eingesetzt werden können - Relevanz: Projekt-Erfahrungen

Beleg	Applikat.	Rel.	Transaktionen
Anfrage	Vertrieb	▪	VA11/VA12/VA13
Angebot	Vertrieb	▪	VA21/VA22/VA23
Kundenauftrag	Vertrieb	▪ ▪ ▪	VA01/VA02/VA03
Lieferplan	Vertrieb	▪ ▪	VA31/VA32/VA33
Kontrakt	Vertrieb	▪	VA41/VA42/VA43
Faktura	Vertrieb	▪ ▪ ▪	VF01/VF02/VF03
Rechnungsliste	Vertrieb	▪ ▪	VF21/VF22/VF23
Auslieferung	Logistik	▪ ▪ ▪	VL01N/VL02N/VL03N
Handling Unit	Logistik	▪ ▪	HU02/HU03
Materialbeleg	Logistik	▪ ▪ ▪	MIGO
Transport	Logistik	▪ ▪	VT01N/VT02N/VT03N
Frachtkostenbeleg	Logistik	▪	VI01/VI02/VI03
Bestellanforderung	Einkauf	▪ ▪ ▪	ME51N/ME52N/ME52N
Bestellung	Einkauf	▪ ▪ ▪	ME21N/ME22N/ME23N
Anlieferung	Logistik	▪ ▪	VL31N/VL32N/VL32N
Eingangsrechnung	Einkauf	▪ ▪ ▪	MIRO

In der Spalte „Transaktionen" sind die Transaktionen zum Anlegen, Ändern und Anzeigen angegeben.

TRANSAKTIONEN ZUM KUNDENAUFTRAG

VA00 .... **Verkauf - Bereichsmenü**

VA01...Kundenaufträge anlegen

VA02...Kundenaufträge ändern

VA03...Kundenaufträge anzeigen

VA05...Liste Aufträge

VA05N*...Liste Aufträge

VA06*...Kundenauftragsmonitor

SDO1*...Aufträge des Zeitraums

V.02.. Unvollständige Vertriebsbelege

V.26.. Liste Verkaufsbelege nach Objektstatus

SDD1..Doppelte Verkaufsbelege im Zeitraum

V.15...Aufträge im Rückstand

S_ALR_87014362......... Offen. Banfen m. Bezug auf archiv. O. erled. Verk.Bel.

V.00.. Unvollständige Vertriebsbelege

VA14L...Zur Lieferung gesperrte Verkaufsbelege

V23.................................... Zur Fakturierung gesperrte Vertriebsbelege

V.14.................................... Zur Lieferung gesperrte Aufträge / Kontrakte

VA07........................... Abgleich Verkauf - Einkauf (Selektion mit Auftragsdaten)

VA08.............. Abgleich Verkauf - Einkauf (Selektion über Organisationsdaten)

Die mit * gekennzeichneten Transaktionen sind in S/4HANA nicht mehr verfügbar.

ANWENDUNGSTABELLEN ZUM KUNDENAUFTRAG (1)

VBAK.. Verkaufsbeleg: Kopfdaten

VBAP .... Verkaufsbeleg: Positionsdaten

VBEP... Verkaufsbeleg: Einteilungsdaten

VBKD ....Verkaufsbeleg: Kaufmännische Daten

VBFA .... Vertriebsbelegfluss

VBPA ....Vertriebsbeleg: Partner

VBBE .... Vertriebsbedarfseinzelsätze

VBBS .... Vertriebsbedarfssummensatz

VBUK .... Vertriebsbeleg: Kopfstatus und Verwaltungsdaten

__ ANWENDUNGSTABELLEN ZUM KUNDENAUFTRAG (2) _

VBUP .... Vertriebsbeleg: Positionsstatus
VBUV... Verkaufsbeleg: Unvollständigkeitsprotokoll
VEPVG... Versandfälligkeitsindex
VBAK_INCOMPL .... Unvollständige Kundenaufträge

_____ KUNDENAUFTRAG INTERNATIONAL _____

Sales order (EN)
клиентска поръчка (BG)
הזמנת לקוח (IS)
zakázka odběratele (CZ)
Kundenauftrag (DE)
commande client (IS)
vevői rendelés (HU)
ordine di vendita (IT)
kundeordre (DK)
klantorder (NL)
kundeordre (NO)
ordem do cliente (PT)
zákazka odberateľa (SLO)
заказ клиента (RU)
pedido de cliente (ES)
myyntitilaus (FI)
kundorder (SE)
zlecenie klienta (PL)
受注 (JP)
판매 오더 (KO)

銷售訂單 (CN)
ใบสั่งขาย (TH)
سفارش فروش (IR)
замовлення клієнта (UR)
pārdošanas pasūtījums (latvia)
müügitellimus (EST)
pardavimo užsakymas (lituan)
đơn hàng (VT)
طلبية الزبون (AR)
विक्रय ऑर्डर (IN)
сату тапсырысы (KZ)
comandă de vânzări (RO)
pesanan jualan (MS)
prodajni nalog (SV)
παραγγελία (GR)
prodajni nalog (HR)
müşteri siparişi (TR)
omanda de client (CA)

Die zuletzt angegebenen Hieroglyphen bilden die zeichen für SAP …

_____MASSENÄNDERUNG VON KUNDENAUFTRÄGEN _____

Transaktion	Komplexität	Änderbare Daten
VA05	■	Werk, Material, Währung und neue Preisfindung
MASS	■ ■	Weitestgehend die Felder der Tabellen VBAK / VBAP
LSMW	■ ■ ■	Umfangreiche Änderungsoptionen bei komplexer Anwendbarkeit
LTMC	■ ■ ■	Vergleichbar zu LSMW plus Vorlagen, aber nur auf S/4HANA

_____ 3 FAKTEN ZUM SD-BELEGFLUSS _____

I.

Der einzige Beleg, den man aus dem SD-Belegfluss durch Doppelklicken direkt aufrufen kann, ist der Transportbeleg – klick mal drauf.

II.

Die VBFA ist die Tabelle (SE16N), in der die Belegflussdaten positionsweise abgelegt sind – hier gib es auch Ausnahmen.

III.

In den Feldern VBTYP_N und VBTYP_V sind die Folge- bzw. Vorgängerbelegtypen abgelegt – diese Felder sind case sensitive.

DIENSTE ZUM OBJEKT AKTIVIEREN

Warum Dienste zum Objekt zum Kundenauftrags (VA02/VA03) nutzen

Aktivieren per Parameter (SU3 – SD_SWU_ACTIVE=X)

Dienste zum Objekt nutzen

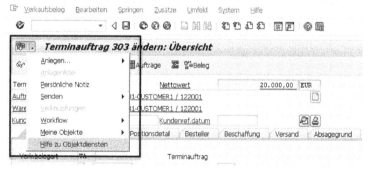

Anlagen..Anlagen zum Auftrag hinzufügen

Links senden..........................Den Auftragslink mit Notiz an einen User senden

Notiz...Eine persönliche Notiz zum Auftrag erfassen

Mail ....Auftrag abonnieren - bei Änd. des Auftrags per Mail informiert werden

Workflow...Workflows starten, falls vorhanden

IDoc......................Zu IDocs abspringen, die mit Kundenauftrag verknüpft sind

__ CUSTOMIZING-TRANSAKTIONEN KUNDENAUFTRAG __

VOV8 ....Pflege Auftragsarten
VOV7 ....Pflege Positionstypen
VOV6 ....Pflege Einteilungstypen
VOV4 ....Positionstypenfindung Auftrag
OVAG...Definition Absagegründe
OVA3 ....Sprachumschlüsselung Auftragsarten
VN01 ....Nummernkreise Vertriebsbelege
OVAZ .... Erlaubte Auftragsarten je Vertriebsbereich definieren
VOV5 ....Einteilungstypenfindung definieren

_____ CUSTOMIZING-TABELLEN KUNDENAUFTRAG_____

TVAK...Auftragsarten
TVAKT...Texte zu Auftragsarten
TVAKZ..Erlaubte Auftragsarten je Vertriebsbereich
TVAP ....Positionstypen
TVAPT...Texte - Positionstypen
T184 .... Positionstypenfindung - Auftrag
TVEP.. Einteilungstypen
TVEPT... Texte zu Einteilungstypen
TVEPZ .... Einteilungstypenfindung
TVCPA ....Verkaufsbelege: Kopiersteuerung
T176 ....Bestellarten der Kunden
T176T... Bestellarten der Kundentexte
TVAG ....Verkaufsbelege: Absagegründe
TVAGT..Verkaufsbelege: Absagegründe: Texte
TVUV...Unvollständigkeitssteuerung: Schemata
TVUVF ....Unvollständigkeitssteuerung: Felder
TVUVT.............................Unvollständigkeitssteuerung: Schemata Texte

"Nur wer mit geringen Mitteln Großes tut, hat es glücklich getroffen."

Carl von Clausewitz

___ EINE REIHE FINDUNGSLOGIKEN IM KD-AUFTRAG __

Ein Kundenauftrag besteht aus annährend 1.000 unterschiedlichen Kopf-, Positions- und Einteilungsfeldern. Doch der User muss zum Anlegen eines Kundenauftrags lediglich 5 Informationen eingeben: Auftragsart, Auftraggeber, Lieferdatum, Material und Menge – die meisten anderen Felder werden automatisch aus Stammdaten oder Customizing-Einstellungen, basierend auf diesen Eingaben, ermittelt. Im Folgenden ein paar Findungslogiken im Kundenauftrag

Findung von …	Gefunden abhängig von	Feld
Auslieferwerk	• Kunde-Mat-Info *oder* • Kundestamm *oder* • Materialstamm	KNMT-WERKS KNVV-VWERK MVKE-DWERK
Versandbedingung	• Auftragsart *oder* • Kunde	TVAK- VSBED KNVV-VSBED
Ladegruppe	• Materialstamm	MARC-LADGR
Versandstelle	• Versandbedingung *und* • Ladegruppe *und* • Auslieferwerk	TVSTZ-VSBED TVSTZ-LADGR TVSTZ-WERKS
Positionstypengr.	• Materialstamm	MVKE-MTPOS
Positionstyp	• Auftragsart *und* • Positionstypengr. *und* • Positionsverwendung	T184-AUART T184-MTPOS T184-VWPOS
Preisdatum	• Auftragsart (steuert die Ermittlung)	TVAK- PRDATV
Kalkulationsschema	• Auftragsart *und* • Kunden *und* • Vertriebsbereich	T683-KALVG T683-KALKS T683-VKORG…

PROZESS TERMINAUFTRAG (1)

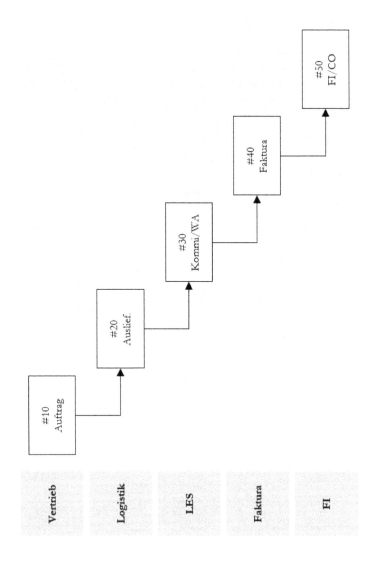

PROZESS TERMINAUFTRAG (2)

Nr.	Prozessschritt	Auto.	Details zum Prozessschritt
#10	**Auftrag**	▪ ▪	Transaktion: VA01 Manuell oder per EDI Nachricht: Auftragsbestätigung
#20	**Auslieferung**	▪ ▪ ▪	Transaktion: VL01N/VL10A Anlage per Job möglich/gängig Nachricht: Lieferschein
#30	**Kommi / WA**	▪	Transaktion: Verschiedene IM/EWM/WM/ext. WMS Optional: Chargenzuord. / HUs Nachrichten: Packliste
#40	**Faktura**	▪ ▪ ▪	Transaktion: VF01/VF04 Anlage per Job möglich/gängig Nachricht: Lieferschein
#50	**FI/CO**	▪ ▪ ▪	Tx.: VF01/VF02 /VFX3 Gängig: Autom. Überleitung Nachricht: -

STANDARD BELEGARTEN / POSITIONSTYPEN

Auftragsart..TA
Positionstypauftrag .... TAN
Einteilungstyp .... CP
Lieferart...LF
Lieferpositionstyp .... TAN
Fakturaart...F2
Fakturapositionstyp .... TAN

BUCHUNGSKREISÜBERGREIFENDER VERKAUF (1)

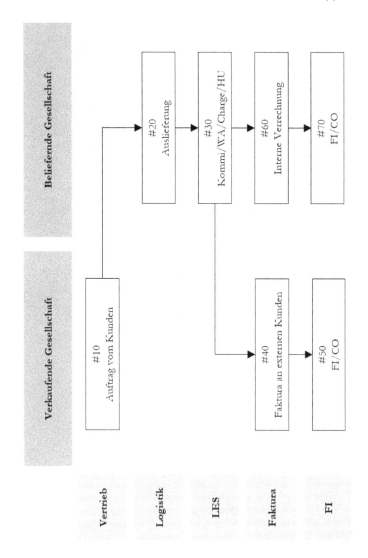

____BUCHUNGSKREISÜBERGREIFENDER VERKAUF (2) ___

Nr.	Prozess-schritt	Autom.	Details zum Prozessschritt
#10	**Auftrag**	▪ ▪	Transaktion: VA01 Manuell oder per EDI Nachricht: Auftragsbestätigung
#20	**Auslieferung**	▪ ▪ ▪	Transaktion: VL01N/VL10A Anlage per Job möglich/gängig Nachricht: Lieferschein
#30	**Kommi / WA**	▪	Transaktion: Verschiedene IM/EWM/WM/ext. WMS Optional: Chargenzuord. / HUs
#40	**Faktura** **Ext. Kunde**	▪ ▪ ▪	Transaktion: VF01/VF04 Anlage per Job möglich/gängig Nachricht: Lieferschein
#50	**FI/CO** **(Verk. Ge-sell.)**	▪ ▪ ▪	Transaktion: VF01/VF02 /VFX3 Gängig: Überleitung Automatisch Nachricht: -
#60	**Faktura** **Int. Ver-rechn.**	▪ ▪ ▪	Transaktion: VF01/VF04 Anlage per Job möglich/gängig Nachricht: Lieferschein
#70	**FI/CO** **(Lief. Gesell.)**	▪ ▪ ▪	Tx.: VF01/VF02 /VFX3 Gängig: Autom. Überleitung Nachricht: -

Entscheidend bei diesem Prozess ist, dass bei der Auftragsanlage (VA01) die Verkaufsorganisation und das liefernde Werk unterschiedlichen Buchungskreisen angehören. Im Gegensatz zum Standardauftrag wird hier ein zusätzlicher Faktura-Beleg – interne Verrechnung – angelegt. Basierend auf diesem Beleg erfolgt die Verrechnung zwischen den der verkaufenden und der beliefernden Gesellschaft.

PROZESS STRECKENAUFTRAG (1)

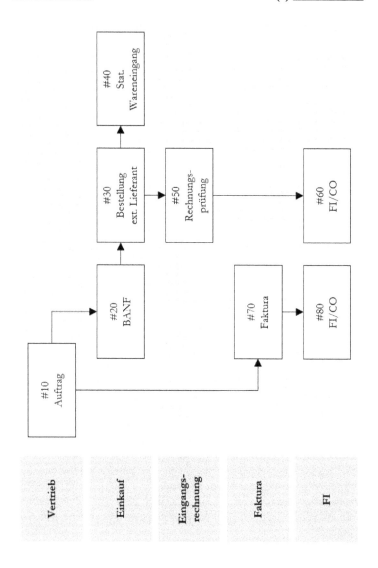

PROZESS STRECKENAUFTRAG (2)

Nr.	Prozessschritt	Details zum Prozessschritt
#10	**Auftrag**	Transaktion: VA01 – Anlage KD-Auftrag Manuell oder per EDI Spez. Pos.typ (TAS) steuert BANF-Anlage
#20	**Bestellanfor-derung**	Transaktion: VA01 Autom. Anlage durch den KD-Auftrag BANF sichtbar in der Einteilung
#30	**Bestellung**	Transaktion: ME21N / ME57 Umsetzung der BANF zur Bestellung Lieferadresse der Bestellung: Kundenadresse
#40	**Stat. Waren-eingang**	Transaktion: MIGO Stat. Wareneingang zur Bestellung Kann optional auf einer Anlieferung basieren
#50	**Rechnungs-prüfung**	Transaktion: MIRO Eingangsrechnung vom Lieferanten Kann sich auf den Wareneingang beziehen
#60	**FI/CO (Kred.)**	Transaktion: MIRO Kreditorische Buchung Autom. Buchung mit MIRO
#70	**Faktura**	Transaktion: VF01 Auftragsbasierte Faktura an den Kunden Nachricht: Rechnung
#80	**FI/CO (Deb.)**	Transaktion: VF01/VF02 /VFX3 Debitorische Buchung Gängig: Überleitung Automatisch

SD-BELEGKONSTELLATIONEN (1)

I. Eins-zu-Eins Belege

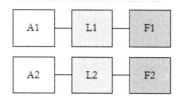

II. Auftragszusammenführung

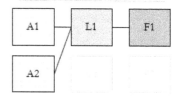

III. Fakturazusammenführung

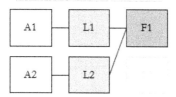

IV. Liefersplit

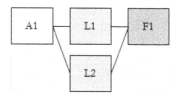

V. Auftragszus./ Fakt-Split

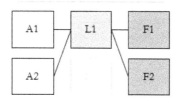

VI. Liefersplit und Fakt-Zus.

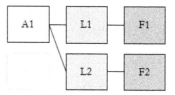

VII. Faktura-Split

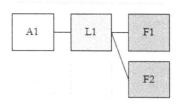

VIII. Faktura-Split und –Zusam.

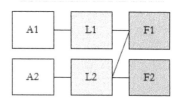

_____ **SD-BELEGKONSTELLATIONEN (2)** _____

Hier eine Auswahl an SD-Konstellationen, die in der klassischen SD-Beleg-kette Auftrag-Lieferung-Faktura auftreten können. Technisch werden die Belegkonstellationen durch die Kopfdaten der Belege und Kopiersteuerung (LIKP-ZUKRL/VBRK-ZUKRI)) gesteuert.

Belegkonstellation	Details
I. **Eins-zu-Eins Belege**	1:1 Belege, d.h. aus einem Auftrag wird eine Lief. und aus der Lief. eine Fakt. erstellt.
II. **Auftragszusammenfüh-rung**	Mehrere Aufträge werden in eine Lieferung zusammengeführt.
III. **Fakturazusammenfüh-rung**	Mehrere Lieferungen werden zu einer Faktura zusammengeführt.
IV. **Liefersplit**	Aus einem Auftrag werden mehrere Liefe-rungen erstellt.
V. **Auftragszusammenfüh-rung / Fakturasplit**	Mehrere Aufträge zu einer Lief. mit anschlie-ßendem Split in unterschiedliche Fakturen
VI. **Liefersplit und Fak-turazusammenführung**	Split in mehrere Lieferungen mit anschlie-ßender Zusammenführung in eine Faktura
VII. **Fakturasplit**	Eine Lieferung wird in unterschiedliche Fak-turen gesplittet
VIII. **Faktura-Split und -Zu-sammenführung**	Positionsabhängig werden unterschiedliche Fakturen erstellt.

ÜBERSICHT DER KOPIERSTEUERUNGEN

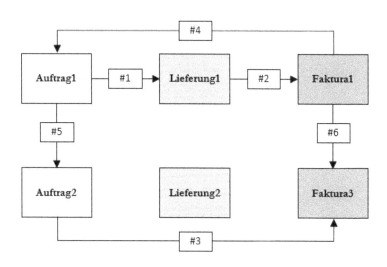

TRANSAKTIONEN ZUR KOPIERSTEUERUNG

#1 VTLA .... Kopiersteuerung Auftrag nach Lieferung
#2 VTFL .... Kopiersteuerung Lieferung nach Faktura
#3 VTFA .... Kopiersteuerung Auftrag nach Faktura
#4 VTAF .... Kopiersteuerung Faktura nach Auftrag
#5 VTAA .... Kopiersteuerung Auftrag nach Auftrag
#6 VTFF... Kopiersteuerung Faktura nach Faktura

TABELLEN ZUR KOPIERSTEUERUNG

TVCPA .... Kopiersteuerung Verkaufsbelege
TVCPL... Kopiersteuerung Lieferungen
TVCPF... Kopiersteuerung Faktura
TVCPT... Texte zu Kopiersteuerung

SD-CUSTOMIZING CHECK

Transaktion ....**Beschreibung**
OVX8N .... Check-Report Organisation Vertrieb
VCHECKT683...Customizing Check Kalkulationsschema
VCHECKT685A .... Customizing Check Konditionsarten
VCHECKTVCPF.....................................Customizing Check Kopiersteuerung
VCHECKVOFA ....Customizing Check Fakturaarten
NACE..........................Nachrichtensteuerung (Springen -> Customizing-Check)

Liste Bearbeiten Springen Einstellungen System Hilfe

VCHECKTVCPF

Customizing Check: Kopiersteuerung

Check der Kopiersteuerung und der Faktur				
⚠	FkArt	VArt LFArt	PsTyp	Meldungstext

F5	ZCOP	CB2	Bei Fakturarelevanz 'F' des Positionstyps muß Fakturamenge 'F' ve
F5	ZABC	CB2	Bei Fakturarelevanz 'F' des Positionstyps muß Fakturamenge 'F' ve
F5	ZPOR	CB2	Bei Fakturarelevanz 'F' des Positionstyps muß Fakturamenge 'F' ve
F5	ZDT3	CB2	Bei Fakturarelevanz 'F' des Positionstyps muß Fakturamenge 'F' ve
F5	GR	CB2	Bei Fakturarelevanz 'F' des Positionstyps muß Fakturamenge 'F' ve
F5	ZEXP	CB2	Bei Fakturarelevanz 'F' des Positionstyps muß Fakturamenge 'F' ve
F5	ZMOH	CB2	Bei Fakturarelevanz 'F' des Positionstyps muß Fakturamenge 'F' ve
F5	ZPVT	CB2	Bei Fakturarelevanz 'F' des Positionstyps muß Fakturamenge 'F' ve
F5	ZGOV	CB2	Bei Fakturarelevanz 'F' des Positionstyps muß Fakturamenge 'F' ve
F5	ZZZ1	CB2	Bei Fakturarelevanz 'F' des Positionstyps muß Fakturamenge 'F' ve
F5	COR	CB2	Bei Fakturarelevanz 'F' des Positionstyps muß Fakturamenge 'F' ve
F5	Z001	CB2	Bei Fakturarelevanz 'F' des Positionstyps muß Fakturamenge 'F' ve
F5	TES1	CB2	Bei Fakturarelevanz 'F' des Positionstyps muß Fakturamenge 'F' ve
F5	ZPRI	CB2	Bei Fakturarelevanz 'F' des Positionstyps muß Fakturamenge 'F' ve
F5	YOR	CB2	Bei Fakturarelevanz 'F' des Positionstyps muß Fakturamenge 'F' ve
F5	TES2	CB2	Bei Fakturarelevanz 'F' des Positionstyps muß Fakturamenge 'F' ve

Check des Feldes 'Menge pos/neg' in der Kopiersteuerung bei lieferbezogener Fakturierung				
FP	CMDM	TATX	Bei lieferbezogener Fakturierung muß das Feld 'Menge pos/neg': '+
FP	CMR	TATX	Bei lieferbezogener Fakturierung muß das Feld 'Menge pos/neg': '+
FP	CMRC	TATX	Bei lieferbezogener Fakturierung muß das Feld 'Menge pos/neg': '+
FP	CMRP	TATX	Bei lieferbezogener Fakturierung muß das Feld 'Menge pos/neg': '+
FP	DMRB	TATX	Bei lieferbezogener Fakturierung muß das Feld 'Menge pos/neg': '+
FP	DMRP	TATX	Bei lieferbezogener Fakturierung muß das Feld 'Menge pos/neg': '+
FP	DMRR	TATX	Bei lieferbezogener Fakturierung muß das Feld 'Menge pos/neg': '+
FP	GCTA	TATX	Bei lieferbezogener Fakturierung muß das Feld 'Menge pos/neg': '+
FP	OR1	TATX	Bei lieferbezogener Fakturierung muß das Feld 'Menge pos/neg': '+
FP	TA	TATX	Bei lieferbezogener Fakturierung muß das Feld 'Menge pos/neg': '+
FP	ZCOO	TATX	Bei lieferbezogener Fakturierung muß das Feld 'Menge pos/neg': '+
FP	BOR	TATX	Bei lieferbezogener Fakturierung muß das Feld 'Menge pos/neg': '+
FP	ZMOR	TATX	Bei lieferbezogener Fakturierung muß das Feld 'Menge pos/neg': '+
FP	ZCOP	TATX	Bei lieferbezogener Fakturierung muß das Feld 'Menge pos/neg': '+
FP	ZABC	TATX	Bei lieferbezogener Fakturierung muß das Feld 'Menge pos/neg': '+
FP	ZPOR	TATX	Bei lieferbezogener Fakturierung muß das Feld 'Menge pos/neg': '+
FP	ZDT3	TATX	Bei lieferbezogener Fakturierung muß das Feld 'Menge pos/neg': '+
FP	ZA03	TATX	Bei lieferbezogener Fakturierung muß das Feld 'Menge pos/neg': '+

_ TX. ANFRAGE/ANGEBOTE/LIEFERPLAN/KONTRAKTE_

VA11.. Anfrage anlegen
VA12..Anfrage ändern
VA13.. Anfrage anzeigen
VA15..Liste Anfragen
VA15N..Liste Anfragen
V.03..Liste unvollständige Anfragen

VA21/VA22/V23..Angebot anlegen/ändern/anzeige
VA25.. Liste Angebote
VA25N.. Liste Angebote
SDQ1..Ablaufende Angebote
SDQ2.. Abgelaufene Angebote
SDQ3..Erledigte Angebote
V.04..Liste unvollständige Angebote
VA26.. Massenfolgebearbeitung Angebote

VA31/VA32/VA33 .... Lieferplan anlegen/ändern/anzeigen
VA35.. Liste Lieferpläne
VA35N.. Liste Lieferpläne
V.05..Liste unvollständige Lieferpläne
EMFOR ....IDoc-Monitor für Lieferabrufe
EMORD ....IDoc-Monitor für Kundenaufträge

VA41/VA42/VA43 .... Kontrakt anlegen/ändern/anzeigen
VA45.. Liste Kontrakte
VA45N.. Liste Kontrakte
SDV1 .... Ablaufende Kontrakte
SDV2 .... Abgelaufene Kontrakte
SDV3 ....Erledigte Kontrakte
V.06..Liste unvollständige Kontrakte
VA46.. Massenfolgebearbeitung Kontrakte
VA42W .... Workflow Gruppenkontrakt

VA15N/VA25N/VA35N/VA45N nicht auf S/4HANA verfügbar.

TABELLEN
ANFRAGE/ANGEBOTE/LIEFERPLAN/KONTRAKTE

Anfragen, Angebote, Lieferpläne und Kontrakte werden in den gleichen Tabellen wie Kundenaufträge abgelegt - diese sind u.A.. VBAK, VBAP, VBEP oder VBKD. Im Detail werden die Belege mit dem Feld VBTYP (case sensitive) zum Belegkopf (VBAK-VBTYP) differenziert:

A .... Anfrage
B .... Angebot
C .... Auftrag
D .... Positionsvorschlag
E .... Lieferplan
F .... Lieferplan mit ext. Dienstleisterabwicklung
G .... Kontrakt
H .... Retouren
I .... Kostenloser Auftrag
J .... Lieferung
K .... Gutschriftsanforderung
L .... Lastschriftsanforderung
M .... Rechnung
N .... Rechnungsstorno
O .... Gutschrift
P .... Lastschrift
Q .... LVS-Transportauftrag
R .... Warenbewegung
S .... Gutschriftsstorno
T .... Retourenlieferung zum Auftrag
U .... Pro-forma-Rechnung
V .... Bestellung
W .... Primärbedarfsplan
X .... Handling Unit
3 .... Rechnungsliste
7 .... Anlieferung/Lieferavis
8 .... Transport
a .... Frachtkosten

_____ FAKTURA TRANSAKTIONEN - ANWENDUNG _____

VF00 ....**Bereichsmenü Faktura**
VF01/VF02/VF03.. Anlegen/Ändern/Anzeigen Faktura
VF04 ....Fakturavorrat bearbeiten
VF04F* ....Lauf zum Anlegen von Fakturen
VF06 .... Batchfakturierung
VF07 .... Anzeigen Faktura aus Archiv
VF08 .... Fakturierung ext. Lieferung
VF11 ....Stornieren Faktura
VF05 ....Liste Fakturen
V.21 ....Protokoll des Sammellaufs
VF_VPRS .... Verrechnungspreise aktualisieren
VFRB...Nachberechnung
VFRU* .... Fakturaanforderung per Excel-Upload
VFX2 ....Anzeigen gesperrte Fakturen
VFX3 ....Liste gesperrte Fakturen

VOFA..Definition Fakturaarten
VOFC.. Pro Fakturaart - IV CO-Kontierung
VOFS..Ermittlung USt-ID pro VKORG
VORR..Archivierungssteuerung Faktura
OVV3 ....Gründe Fakturasperre

: Nur auf S/4HANA verfügbar.

_____ FAKTURA TABELLEN - CUSTOMIZING _____

VBRK..Faktura - Kopfdaten
VBRP..Faktura - Positionsdaten
VRKPA.. Vertriebsindex: Fakturen zu Partnerrollen
VRPMA....................................... Vertriebsindex: Fakturapositionen zum Material
VKDFS ....Fakturaindex - was ist noch zu fakturieren
TVFK ....Fakturaarten (Customizing)

RECHNUNGSLISTEN

	Transaktion (Anwendung)	Transaktion (Customizing)	Tabelle
VF21 Anlegen Rechnungsliste	■		
VF22 Ändern Rechnungsliste	■		
VF23 Anzeigen Rechnungsliste	■		
VF24 Rechnungslistenvorrat bearbeiten	■		
VF25 Liste Rechnungslisten	■		
VF26 Stornieren Rechnungsliste	■		
VF27 Anz. Rechnungsliste aus Archiv	■		
V.24 Protokoll Sammell. Rechnungsl.	■		
VOF2 Konfig. Liste Rechnungslisten		■	
VBRL Rechnungsliste			■

TRANSAKTIONEN AUSLIEFERUNG

Den unteren Block der Liste bilden die Customizingtransaktionen

TABELLEN AUSLIEFERUNG

HU ABKÜRZUNGEN

HU	NVE	SSCC
Handling Unit	Nummer der Versandeinheit	Serial Shipping Container Code

HU TRANSAKTIONEN

HUMO ....HU-Monitor
HU02 ....Anlegen und Ändern Handling Units
HU03 ....Anzeigen von Handling Units
HU04 ....Erzeugen von HUs mit Bestand
HU05 ....Anzeigen von HUS zum Objekt
HUCANC..Materialbelegstorno von HU-WB
HUCOWA ....Anzeigen bereitgestellte HUs Werksa.
HUCOWE..............................Anzeigen von produzierten HUs (CO)
HUDELDR..................................Zurücks. personenbez. Daten aus HU
HUIBD ....Handling Units zur Anlieferung
HUIND..Datenbankindices für Handling Units
HUINV01..Anlegen von HU-Inventurbelegen
HUINV02...HU-Inventurbeleg ändern
HUINV03..Zählmengenerfassung HU-Inventur
HUINV04 ....Analyse von HU-Inventurbelegen
HUINV05..........................Ausbuchen von HU-Inventurdifferenzen
HUINV06 ....Löschen des Inventurstatus auf HUs
HUINV07...Anzeigen von HU-Inventurbelegen
HUMAT ....Handling Units zum Materialbeleg
HUOBD ....Anzeigen von HUs zur Auslieferung
HUPAST..Packing Station
HUPASTW ....Packing Station
HUTRA ....Anzeigen von HUs zum Transport
VNKP .... Nummernkreispflege: RV_VEKP
VV61.. Anlegen Nachricht: Handling Units
VV62.. Ändern Nachricht: Handling Unit
VV63..Anzeigen Nachricht: Handling Unit

_____ HU TABELLEN _____

VEKP...Handling Unit Kopftabelle
VEPO.................................Verpacken: Handling Unit Position (Inhalt)
VEVW.................................Verwendungsnachweis für Handling Units
TVEGR..Materialgruppe Packmittel
TVEGRT........................... Materialgruppe Packmittel: Bezeichnungen
TVTY ....Packmittelarten
TVTYT ....Packmittelarten: Bezeichnungen

_____ HU CUSTOMIZING-TRANSAKTIONEN (1) _____

VEGR..Materialgruppe Packmittel
VHAR.....................................Packmittelarten anlegen/pflegen
VHZU ....Erlaubte Packmittelarten
VLPP .... Packpflicht von Positionstypen
VEG1 ....Handling Unit Gruppe 1
VEG2 ....Handling Unit Gruppe 2
VEG3 ....Handling Unit Gruppe 3
VEG4 ....Handling Unit Gruppe 4
VEG5 ....Handling Unit Gruppe 5
VOL7..Einstellung Verpacken
VPBD .... Bedingung Verpacken Lieferung
S_P99_41000266...............Zugriffsfolge für Packvorschriftenfindung definieren
S_P99_41000267...............Findungsart für Packvorschriften definieren
S_P99_41000268........................Schema für Packvorschriftenfindung definieren
S_P99_41000265.......................Schlüssel für Packvorschriftenfindung definieren
S_P99_41000264.............................Prüfprofil für Packstatus definieren
S_P99_41000318......................................Packdialogprofil pflegen
S_P9C_18000015 Nummernkreise für Packvorschriftenfindungssätze festlegen
S_P99_41000263..........................Nummernkreise für Packvorschriften festlegen
S_P9C_18000013 ....Anwenderstatusschema definieren
S_P99_41000253...Lieferartenfindung
S_P99_41000254.............Reihenfolge Transportauftrag-Wareneingang festlegen
S_P99_41000255................................HU-Pflicht im Bereitstellungsort einstellen

_____ HU CUSTOMIZING-TRANSAKTIONEN (2)_____

S_P99_41000275............................Datenbankindices für Handling Units pflegen
S_P99_41000269.....Bewegungsart. für Bestandsqualifikationsänderung pflegen
S_P99_41000270................ Bewegungsarten für Lagerortumbuchungen pflegen
S_P99_41000260...........................SSCC-Generierung pro Lagernummer pflegen
S_P99_41000251.......................................Nummernkreisobjekt für SSCC pflegen
S_P99_41000252.........................SSCC-Generierung pro Werk/Lagerort pflegen
S_P99_41000250.........................Nummernkreispflege für die HU-Identifikation
S_P99_41000249...........Eindeutige Nummernvergabe für HU-Identi. einstellen
S_P99_41000262...........................Nummernvergabe pro Packmittelart definieren
S_P99_41000272.HU-Pflicht für Lg.orte und Vorschlagswerte für Lieferungen
S_P99_41000271........ QM-Prüfung und Liefertyp pro Bewegungsart einstellen
S_P99_41000278. Steuerung zur automatischen Pick-HU-Erstellung definieren
S_P99_41000277................ Umpack-Bewegungsart für Lagernummer definieren
S_P99_41000273............................Lagereinheitentyp der Packmittelart zuordnen
S_P99_41000274................ Separate Quittierung von Entnahme und Transport

_____TRANSAKTIONEN ZUR BESTANDSFÜHRUNG (1) _____

MB00 ....Bereichsmenü - Bestandsführung
MB51 ....Materialbelegliste
MB52 ....Lagerbestandsliste
MB53 .... Werksverfügbarkeit anzeigen
MB54 ....Konsignationsbestände
MB55 .... Mengenstring anzeigen
MB58 ....Kunden Konsignation und Leihgut
MB59 ....Materialbelegliste
MB5B ....Bestände zum Buchungsdatum
MB5C ....Pick-Up-Liste
MB5K.. Konsistenzprüfung der Bestände
MB5L..Bestandswertliste: Saldendarstellung
MB5M ....MHD/Herstelldatum
MB5OA.. Anzeige bewerteter WE-Sperrbestand
MB5S ....WE/RE-Saldenliste anzeigen
MB5SIT.. Anzeige bewerteter WE-Sperrbestand

_____ TRANSAKTIONEN ZUR BESTANDSFÜHRUNG (2) _____

MB5T ....Transitbestand
MB5TD .... Transitbestand zum Stichtag
MB5U .... Analyse Umrechnungsdifferenzen
MB5W .... Bestandswertliste
MBAL .... Materialbelege: Archiv lesen
MBAR .... Materialbelege archivieren
MBAV .... Materialbelegarchiv verwalten
MBBS .... Bewerteten Sonderbestand anzeigen
MBGR .... MatBeleg zum Grund der Bewegung anz.
MBLB .... Bestände beim Lohnbearbeiter
MBNK .... Nummernkreise Materialbeleg
MBSM .... Stornierte Materialbelege anzeigen
MIGO .... Warenbewegung

MB01 .... Wareneingang zur Bestellung buchen
MB02 .... Materialbeleg ändern
MB03 .... Materialbeleg anzeigen
MB1A .... Warenentnahme
MB1B .... Umbuchung
MB1C .... Wareneingang Sonstige
MBST .... Materialbeleg stornieren

Transaktionen im unteren Block sind nicht in S/4HANA verfügbar.

_____ TABELLEN ZUR BESTANDSFÜHRUNG (1) _____

MKPF .... Belegkopf Materialbeleg
MSEG .... Belegsegment Material
MSTB .... Transitbestand
MSTBH .... Transitbestand - Historie
MSTE .... Transitbestand zum Vertriebsbeleg
MSTEH .... Transitbestand zum Vertriebsbeleg - Historie
T156 .... Bewegungsart

TABELLEN ZUR BESTANDSFÜHRUNG (2)

TRANSAKTIONEN ZUR BESTANDSFÜHRUNG
CUSTOMIZING

_____ TRANSAKTIONEN LE-TRANSPORT _____

VT00 .... Transport - Bereichsmenü
VT01N ....Anlegen Transport
VT02N ....Ändern Transport
VT03N ....Anzeigen Transport
VT04..Transporte im Sammelgang anlegen
VT05...Arbeitsvorrat Transport: Protokolle
VT06...Transporte selektieren: Disposition
VT07..Sammellauf Batch
VT09..Nummernkreise für Protokoll VT04
VT10..Transporte selektieren: Start
VT11...Transporte selektieren: Disposition
VT12.. Transporte selektieren: Abfertigung
VT13..F4-Hilfe Transportnummer
VT17...Erweiterte F4-Hilfe Transportnummer
VT20..Overall Shipment Process Monitor
VT22..Anzeigen Änderungsbeleg Transport
VT31N ....Selektionsvarianten für Spediteure
VT70... Nachrichten zu Transporten
VTAR .... Archivieren Transporte
VV71...Anlegen Nachricht: Transport
VV72.. Ändern Nachricht: Transport
VV73..Anzeigen Nachricht: Transport

0VRF .... Definition Routenfindung
0VTA..Customizing Versandarten
0VTB ....Customizing Verkehrsträger
0VTK.. Customizing Transportarten
0VTKT... Terminschema zu Transportarten zuordnen
0VTL .... Aktivitätsprofile für Transportarten
0VTP ....Transportdispostellen ext. Planungssystem
OVXT .... Transportdispostellen

_____ TABELLEN ZUM LE-TRANSPORT _____

VTTK .... Transportkopf
VTTP .... Transportposition
VTTS .... Transportabschnitt
VTFA .... Transportbelegfluß
VTPA .... Partner zum Transport
VTRDI .... Transportdispositionsindex
VTSP .... Transportabschnitt/Position Zuordnung

TVTK .... Transportarten
TVTKT .... Transportarten: Bezeichnungen
TTDS .... Org.-Einheit: Transportdispostellen
TTDST .... Org.-Einheit: Transportdispostellen: Texte
TVRO .... Routen
TVROT .... Routen: Texte
VTADD01 .... Prüftabelle Zusatz 1
VTADD01T .... Prüftabelle Zusatz1: Bezeichnungen
VTADD02 .... Prüftabelle Zusatz 2
VTADD02T .... Prüftabelle Zusatz2: Bezeichnungen
VTADD03 .... Prüftabelle Zusatz 3
VTADD03T .... Prüftabelle Zusatz3: Bezeichnungen
VTADD04 .... Prüftabelle Zusatz 4
VTADD04T .... Prüftabelle Zusatz4: Bezeichnungen

_____ TRANSAKTIONEN ZU FRACHTKOSTEN (1) _____

VI00 .... Frachtkosten
VI01/VI02/VI03 .... Anlegen/Ändern/Anzeigen Frachtkosten
VI04 .... Arbeitsvorrat Frachtkosten anlegen
VI05 .... Arbeitsvorrat Frachtkosten ändern
VI06 / VI07 .... Sammellauf Batch – anlegen/ändern
VI11 .... Liste Frachtkosten: Berechnung
VI12 .... Liste Frachtkosten: Abrechnung
VI15 .... Anzeigen Protokolle (Appl. Log)

_____ TRANSAKTIONEN ZU FRACHTKOSTEN (2) _____

VI16 ....Protokolle für Arbeitsvorrat Fracht
VIAR ....Archivieren Frachtkosten
VIC00 ....Konsistenzprüfung IMG Frachtberechnung
VICC.. Umwandlung Format Währungsfeld
VIRL..Rückladen Transporte

_____ TABELLEN ZUM FRACHTKOSTEN_____

VFKK...Frachtkosten: Kopfdaten
VFKN ....Kontierung im Frachtkosten Position
VFKONV... (Fracht)konditionen
VFKONX..Konditionen: Dimensionsabhängige Daten
VFKP .... Frachtkosten: Positionsdaten
VFPA...Partner zu Frachtkosten
TVTF..Frachtkostenarten
TVTFT...Frachtkostenarten: Bezeichnungen
TVFT...Frachtkostenpositionstypen
TVFTT..Frachtkostenpositionstypen: Bezeichnungen
TVFTK .... Findung: Frachtkostenpositionstypen
TVFCSF... Kalkulationsschemafindung
TVFCV ....Versandartenschemagruppe für Frachtkosten
TVFCVT................ Bezeichnung für Versandartenschemagruppe Frachtkosten
TVFP..Zuordnung von Einkaufsdaten für Frachtkosten
TVFTR...............................Regeln für Terminfindung bei der Frachtkalkulation
TVFTRP ....Detail der Regeln für Terminfindung in der Frachtkalk.
TVFTRT...............Bezeichnung zu Regel für Terminfindung in der Frachtkalk.

_____ TABELLEN ZU BANFEN (1) _____

EBAN.. Bestellanforderung
EBAN_TECH........................Bestellanforderung externe Bezugsquellenfindung
EBKN .... Bestellanforderungs-Kontierung

——————— TABELLEN ZU BANFEN (2) ———————

PREXT..Erweiterungsfelder zur Bestellanforderung
T161G ....Freigabevoraussetzung Bestellanforderung
T16CR .... versionsrelevante Felder der Bestellanforderung
T16LB.. Listumfang Bestellanforderungen
T16LC ....Bezeichnung des Listumfangs Bestellanforderungen
T16LH.............. Vorschlag Listumfang Bestellanforderungen bei Transaktionen
T16LI...........................Datenbeschaffung zum Listumfang Bestellanforderungen
T16LL.. Routinen zum Listumfang Bestellanforderungen

—————— TRANSAKTIONEN ZU BANFEN (1) ——————

ME51..Bestellanforderung hinzufügen
ME51N ....Bestellanforderung anlegen
ME52...Bestellanforderung ändern
ME52N ....Bestellanforderung ändern
ME52NB ....Einkäufergenehmigung Banf
ME53...Bestellanforderung anzeigen
ME53N ....Bestellanforderung anzeigen
ME54.. Bestellanforderung freigeben
ME54N .... Bestellanforderung freigeben
ME55...Sammelfreigabe Bestellanforderungen
ME56.. Bezugsquelle zu Bestellanf. zuordnen
ME57.. Bestellanf. zuordnen und bearbeiten
ME58.. Zugeordnete Bestellanf. bestellen
ME59...Automatische Bestellerzeugung
ME59N ....Automatische Bestellerzeugung
ME5A ....Listanzeige Bestellanforderungen
ME5F.. Freigabeerinnerung Bestellanford.
ME5J..Bestellanforderungen zum Projekt
ME5K..Bestellanforderungen zur Kontierung
ME5R ....Archivierte Bestellanforderungen
ME5W ....Wiedervorlage Bestellanforderungen

_____ **TRANSAKTIONEN ZU BANFEN (2)**_____

ME97 ....Bestellanforderungen archivieren
MEMASSRQ .... Massenänderung der Bestellanforderungen
OMH7 ....Nummernkreise Bestellanforderung

_____ **TRANSAKTIONEN ZUR ANLIEFERUNG** _____

VL30 .... **Anlieferung - Bereichsmenü**
VL06I ....Anlieferungsmonitor
VL31N .... Anlieferung anlegen
VL32N ....Anlieferung ändern
VL33N .... Anlieferung anzeigen
S_ER9_52000955.. Bestätigungssteuerschlüssel einstellen

_____ **TRANSAKTIONEN ZUR BESTELLUNG (1)** _____

ME00 ....**Einkauf - Bereichsmenü**
ME21N ....Bestellung anlegen
ME22N .... Bestellung ändern
ME23N ....Bestellung anzeigen
ME24... Anhang zur Bestellung pflegen
ME25... Best. mit Bezugsquellenfind. anlegen
ME26..Bestellanhang (RE) anzeigen
ME29N ....Bestellung freigeben
ME2A .... Bestätigungen überwachen
ME2B .... Bestellungen zur Bedarfsnummer
ME2C ....Bestellungen zur Warengruppe
ME2K...Bestellungen zur Kontierung
ME2L ....Bestellungen zum Lieferanten
ME2M ....Bestellungen zum Material
ME2N... Bestellungen zur Bestellnummer
ME2O... LB-Bestandsüberwachung zum Lieferanten

_____ TRANSAKTIONEN ZUR BESTELLUNG (2) _____

ME2S.. Dienstleistungen zur Bestellung
ME2V...WE-Vorschau
ME2W...Bestellungen zum Lieferwerk
OLME...IMG-Sicht Einkauf
OX17...Werke->Einkaufsorganisation
VOK3...Nachrichtenfindung Einkauf

_____ TABELLEN ZUR BESTELLUNG _____

EKKO...Einkaufsbelegkopf
EKPO..Einkaufsbelege Positionen
EKAB.. Abrufdokumentation
EKAN .... Lieferantenanschrift Einkaufsbeleg
EKBE... Historie zum Einkaufsbeleg
EKBZ.....................................Historie zum Einkaufsbeleg - Bezugsnebenkosten
EKBZ_MA .... Bezugsnebenkosten auf Kontierungsebene
EKBZH ....Historie zum Einkaufsbeleg - Bezugsnebenkosten
EKDF...Belegfluss logistische Differenzrechnung
EKEH .... Lieferplanabruf-Dokumentation
EKES ....Bestellbestätigungen
EKET... Lieferplaneinteilungen
EKPV ....Versandspezifische Daten für Umlagerung zur Einkaufsbelegposition
EKUB.......................................Index für Umlagerungsbestellungen zum Material

_____ TRANSAKTIONEN ZUR RECHNUNGSPRÜFUNG (1) ___

MR00 .... Rechnung - Bereichsmenü
MIRO .... Eingangsrechnung erfassen
MIRA..Schnellerfassung Eingangsrechnung
MIR5... Liste Rechnungsbelege anzeigen
MIR6.. Übersicht Rechnungen
MIR7.. Eingangsrechnung vorerfassen

_____ TRANSAKTIONEN ZUR RECHNUNGSPRÜFUNG (2) ___

MR8M .... Storno Rechnungsbeleg
MR90 .... Nachrichten zu Rechnungsbelegen
MRM1 .... Anlegen Nachricht: Rechnungsprüfung
MRM2 .... Ändern Nachricht: Rechnungsprüfung
MRM3 .... Anzeigen Nachricht: Rechnungsprüfung
MRA1 .... Rechnungsbelege archivieren
MRA2 .... archivierte Rechnungsbelege löschen
MRA3 .... archivierte Rechnungsbelege anzeigen
MRA4 .... Rechnungsbelegarchiv verwalten
MRM4 .... Nummernkreise Rechnungsprüfung – Buchhaltungsbelege
OLMR .... Customizing Rechnungsprüfung
OLMRLIST .... Listvariante pflegen
OMRJ .... Nummernkreis Rechnungsbelege

_____ TABELLEN ZUR RECHNUNGSPRÜFUNG _____

RBKP .... Belegkopf Eingangsrechnung
RSEG .... Belegposition Eingangsrechnung
RBKP_BLOCKED .... Logistik-Rechnungsprüfung: Gesperrte Rechnungen
RBKPB .... Rechnungsbelegkopf (Batch-Rechnungsprüfung)
RBMA .... Belegposition Eingangsrechnung Material
RBSELBEST .... Rechnungseingang Selektion Einkaufsbelege
RBSELCONTRACT .... Rechnungseingang Selektion Kontrakte
RBSELDELI .... Rechnungseingang Selektion Lieferungen
RBSELERFB .... Rechnungseingang Selektion Erfassungsblatt
RBSELFRBR .... Rechnungseingang Selektion Frachtbriefe
RBSELLIFS .... Rechnungseingang Selektion Lieferscheine
RBSELTM .... Rechnungseingang TM
RBTX .... Steuern Eingangsrechnung
T003R .... Nummernkreise RE_BELEG (Logistik Rechnungsprüfung)
T003S .... Dokumentarten für das Ablegen von Dokumenten (Log RePrü)
T169H .... Erfassungsprofil

_____ TRANSAKTIONEN ZUM KUNDENSTAMM _____

BP...Geschäftspartner bearbeiten
VD04 ....Änderungen Debitor (Vertrieb)
VD05 .... Sperren Debitor (Vertrieb)
XD99 .... Massenpflege Kundenstamm
VD01/VD02/VD03* ....Debitor anlegen/ändern/anzeigen

*: In S/4HANA durch BP ersetzt

_____ TRANSAKTIONEN ZUM MATERIALSTAMM _____

MM00 .... Materialstamm - Bereichsmenü
MM01/MM02/MM03 .... Material anlegen/ändern/anzeigen
MM04 ....Änderungsbelege Material anzeigen
MM06 .... Material zum Löschen vormerken
MM11 ....Material geplant anlegen
MM12 ....Material geplant ändern
MM13 ....Aktivierung von geplanten Änderungen
MM14 .... Anzeigen der geplanten Änderungen
MM15 .... Anzeigen der Änderungen (Migration)
MM16 ....Material zum Löschen einplanen
MM17 .... Massenpflege Material
MM18 ....Aktivierung von geplanten Änderungen
MM19 ....Material & zum Stichtag anzeigen
MM60 ....Materialverzeichnis
MM70 ....Zum Löschen vorgemerkte Materialien selektieren
MMAM ....Materialart ändern

_____ TRANSAKTIONEN ZUM ARTIKELSTAMM _____

MM41 ....Artikel anlegen
MM42 ....Artikel ändern
MM43 ....Artikel anzeigen
MM44 ....Änderungsbelege zum Artikel anzeigen
MM46 .... Massenpflege Artikelstamm - Retail

SAP-Retail Transaktionen

_____ TRANSAKTIONEN ZUR KUNDENHIERARCHIE _____

V-12 ....Anlegen Kundenhierarchie-Knoten
VDH1 ....Pflege Kundenhierarchie (Vertrieb)
VDH1N ....Anzeige/Pflege Kundenhierarchie
VDH2 .... Kundenhierarchie anzeigen
VDH2N .... Anzeige Kundenhierarchie

_____ TRANSAKTIONEN ZUM ORDERBUCH _____

ME01 .... Orderbuch pflegen
ME03 ....Orderbuch anzeigen
ME04 ....Änderungen zum Orderbuch
ME05 ....Orderbuch generieren
ME06 ....Orderbuch analysieren
ME07 ....Orderbuch reorganisieren
ME08 ....Orderbuch senden
ME0M ....Orderbuch zum Material

- 167 -

TRANSAKTIONEN ZU STÜCKLISTEN

CS00...Stücklisten - Bereichsmenü
CS01... Anlegen Materialstückliste
CS02... Ändern Materialstückliste
CS03.. Anzeigen Materialstückliste
CS05...Ändern Stücklistengruppe Material
CS06.. Anzeigen Stücklistengruppe Material
CS07...Anlegen Werkszuordnung MaterialStl
CS08...Ändern Werkszuordnung MaterialStl
CS09..Anzeigen Werkszuordnung MaterialStl
CS11...Stücklistenauflösung mehrstufig
CS11H.............................. Baukasten mehrstufig anzeigen - HANA
CS12.. Strukturstückliste
CS12H...Struktur mehrstufig anzeigen - HANA
CS13..Mengenübersicht
CS13H..................................... Mengenübersicht anzeigen - SAP HANA
CS14...Stücklistenvergleich
CS20..Massenänderungen: Einstiegsbild
CS21...Massenänderung Material: Einstieg
CS26.. Löschen von Stücklisten
CS28... Archivierung von Stücklisten

TRANSAKTIONEN ZUM KUNDEN-MAT-INFOSATZ

VD51 ....Pflege Kunden-Material-Info
VD52 .... Pflege mit Selektbild K-M-Info
VD53 .... Anzeigen Kunden-Material-Info
VD54 .... Anzeigen Material-Kunden-Info
VD59 .... Liste Kunden-Material-Info

*Innerhalb der Transaktion VD59 ist ein besonderes Feature die „Freie Abgrenzung".
Hiermit können Kunden-Material-Infosätze sehr detailliert gesucht werden.*

_____ TRANSAKTIONEN ZUM POSITIONSVORSCHLAG _____

```
VA51.................................................................................Positionsvorschlag anlegen
VA52..................................................................................Positionsvorschlag ändern
VA53...............................................................................Positionsvorschlag anzeigen
VA55........................................................................................Liste Positionsvorschläge
```

_____ TRANSAKTIONEN ZUR MATERIALSUBSTITUTION ___

```
VB11..........................................................................Anlegen Materialsubstitution
VB12............................................................................Ändern Materialsubstitution
VB13.........................................................................Anzeigen Materialsubstitution
VB14........................................................................... Vorlage Materialsubstitution
```

_____ TRANSAKTIONEN ZU CHARGENSUCHSTRATEGIE ___

```
VCH1 .......................................................... Anlegen Chargensuchstrategie
VCH2 ........................................................... Ändern Chargensuchstrategie
VCH3 ......................................................... Anzeigen Chargensuchstrategie
```

_____ TRANSAKTIONEN ZUM NATURALRABATT _____

```
VBN1 ...................................................Naturalrabatt - Anlegen (Vertrieb)
VBN2 ................................................... Naturalrabatt - Ändern (Vertrieb)
VBN3 ...................................................Naturalrabatt - Anzeigen (Vertrieb)
```

_____ TRANSAKTIONEN ZUM EK-INFOSATZ _____

```
ME11/ME12/ME13.......................................... Infosatz anlegen/ändern/anzeigen
ME14....................................................................Änderungen zum Infosatz
ME1L/ME1M.................................................Infosätze zum Lieferanten/Material
```

SD-PEISFINDUNG (1)

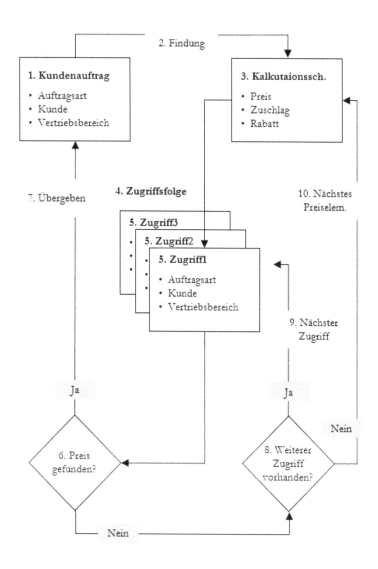

SD-PREISFINDUNG (2)

1. Kundenauftrag

Im ersten Schritt wird der Kundenauftrag angelegt und enthält u.A. die Daten Auftragsart, Kunden und Vertriebsbereich.

2. Findung

Im nächsten Schritt erfolgt die Ermittlung / Findung des Kalkulationsschemas; dies erfolgt basierend auf Auftragsart, Kunde und Vertriebsbereich.

3. Kalkulationsschema

Das Kalkulationsschema enthält alle Preiselemente (Konditionsarten), die in diesem Prozess relevant sind. Diese können Preise, Zuschläge, Rabatte, etc. sein.

4. Zugriffsfolge

Mit dem ersten Preiselement (Konditionsart) des Kalkulationsschemas wird die zugeordnete Zugriffsfolge ermittelt. Hier gibt es eine 1:1-Zuordnung zwischen Konditionsart und Zugriffsfolge.

5. Zugriff

Innerhalb der Zugriffsfolge wird der nächste Zugriff untersucht.

Beim ersten Durchgang ist dies der erste Zugriff.

6. Preis gefunden?

Es wird nach einem Konditionssatz zu diesem Zugriff gesucht. Diese wurden, wenn sie vorhanden sind, als Preis-Stammdaten angelegt.

7. Übergeben

Wenn ein Konditionssatz gefunden wurde, wird die an den Kundenauftrag übergeben.

8. Weiterer Zugriff vorhanden?

Wenn kein Konditionssatz gefunden wurde, wird untersucht, ob zur Zugriffsfolge weitere Zugriffe vorhanden sind.

9. Nächster Zugriff

Wenn weitere Zugriffe vorhanden sind, werden diese untersucht.

10. Nächstes Preiselement

Wenn keine weiteren Zugriffe vorhanden, springt das System zum Kalkulationsschema zurück und untersucht das nächste Preiselement (Konditionsart).

Fortsetzung folgt … cu, Isa.

P.S.: Einen besonderen Dank an Volker und Ünal.